현관
풍수
인테리어

KISEKI NO PAWADE COUHUCU O YOBICOMU GENKANHUSUI by Mr. Ryu
Copyright ⓒ 2009 by Mr. Ryu
Original Japanese edition published by IZUMI SHOBOH Co. Ltd.
Korean translation rights arranged with IZUMI SHOBOH Co. Ltd.
Korean translation Copyright ⓒ 2011 by Goldenowl Publishing Co.

이 책의 한국어판 저작권은 IZUMI SHOBOH Co. Ltd.와의 독점계약으로 (주)황금부엉이가 소유합니다.
저작권법에 따라 한국 내에서 보호를 받는 저작물이므로 무단 전재와 복제를 금합니다.

현관
풍수
인테리어

Mr. 류 지음
원곡 곽민석 · 김윤곤 감역 | **김소라** 옮김

BM 황금부엉이

머리말

'현관'은 생명 에너지의 출입구

풍수는 주거공간을 쾌적하게 만드는 필수 요소입니다. 아시아 뿐만 아니라 전 세계로 뻗어나가는 풍수는 점(占)이라는 카테고리뿐만 아니라 환경학, 건축학, 심리학 등의 분야에서도 주목받고 있습니다.

풍수에서 집과 그곳에서 사는 사람은 매우 깊은 관계가 있고, 여러 운기에 영향을 준다고 합니다. 그중에서도 현관은 사람의 입과 같다 하여 사람에게 중요한 생명 에너지의 출입구입니다. 이 에너지를 풍수에서는 '기'라는 말로 표현하지만 이 기에는 '좋은 기'와 '나쁜 기'가 있습니다.

현관으로 들어온 기는 각 방을 돌며 순환합니다. 좋은 기가 들어오면 길운이 되고 운기가 향상되지만, 나쁜 기가 들어오면 흉이 되어 운기가 쇠퇴합니다. 그러므로 흉을 피해 길을 부르는 풍수를 바탕으로 복을 불러오는 현관을 소개하는 이 책은 매우 귀중한 책입니다.

실제로 풍수를 실천하는 방법은 여러 가지입니다. 크게 나누면 '형태로 판단하는 방법'과 '방향으로 판단하는 방법'이 있습니다.

이 책에서 소개한 현관 만들기와 장식품, 식물, 개운 아이템을 '형태로 판단하는 방법'으로 보면 한눈에 길흉을 판단할 수 있을 것입니다. 또, 전통적인 풍수사가 사용하는 팔택파풍수(八宅派風水)라는 '방향으로 판단하는 방법'을 사용하면 당신에게 맞는 최적의 길방위를 알 수 있을 것입니다.

따라서 이 책을 읽은 후에는 풍수의 개념은 물론, 현관을 시작으로 집 안에 들어온 길흉을 스스로 판단할 수 있을 것입니다.

마지막으로 출판사 관계자와 이 책을 감수해준 린 슈세이(Rin Shusei) 선생님께 감사의 말을 전합니다.

Mr. 류(사이토 히토시)

머리말 ··· 4

현관이 깨끗하면 왜 행복해지는 걸까? ··························· 10

생활감을 높이는 것은 한 발 더 행복으로 다가가는 길 ········ 13

제1장
행운을 부르는
가장 좋은 현관

종합운 UP _ 이것이 가장 좋은 풍수 현관이다 ·················· 16

금전운 UP _ 돈이 모이는 현관 만들기 ···························· 18

애정운 UP _ 사랑하고 싶은 마음이 생기게 하는 현관 만들기 ··· 20

사업운 UP _ 일이 진척되는 현관 만들기 ························· 22

건강운 UP _ 항상 건강한 현관 만들기 ···························· 24

출생연도에 따라 행운이 오는 방위가 다르다 ·················· 26

자신의 본명괘를 알아내는 계산법과 대처 방안 ················ 27

* 최강 현관 풍수 퀴즈 ··· 32

* 풍수에서 중요한 좌청룡이란? ······································ 36

현관의 개운력을 향상시키자

인테리어 소품으로 운세를 더욱 향상시키자 ········· 38
- 식물 ·· 40
* 애정운을 향상시키는 방법 ································ 42
* 인테리어 NO모음집 ··· 43
- 장식품 ··· 44
- 거울, 그림, 사진 등 ··· 46
- 현관 매트, 슬리퍼, 구둣주걱 등 ······················· 48
- 아로마, 소취제 등 ·· 50
* '현관 개운 인테리어' Q&A ······························ 51

* 최강 현관 풍수 퀴즈 ·· 54
* 풍수에서 중요한 집의 3가지 요소 ··················· 58

행운을 부르는
현관 청소

깨끗한 것이 운기를 향상시킨다 ················· 60
행운을 부르는 청소 포인트 ····················· 61
- 개운청소 ❶ 바닥, 문 ······················· 62
- 개운청소 ❷ 신발장 ························· 64
- 개운청소 ❸ 현관 밖 ······················· 66
- 개운청소 ❹ 수납 ··························· 68

✽ 최강 현관 풍수 퀴즈 ······················· 70
✽ 깨끗한 신발이 행운을 부른다 ··············· 74

액을 떨쳐내어 기의
흐름을 컨트롤하자

먼저 현관에서 털어내자 ………………………………………… 76

현관의 액과 액막이 방법 ………………………………………… 78

기의 성질을 알면 복도, 부엌, 침실의 운기를 UP! ………… 84

복도, 계단의 운기를 UP! ……………………………………… 86

부엌, 식당의 운기를 UP! ……………………………………… 88

침실의 운기를 UP! ……………………………………………… 90

 * 잘못된 방 배치를 생기있게 만드는 풍수 테크닉 ………… 92
 * 인테리어 코디네이터와 풍수 …………………………………… 93

 * 최강 현관 풍수 퀴즈 …………………………………………… 94

찾아보기 ……………………………………………………………… 98

현관이 깨끗하면 왜 행복해지는 걸까?

손님을 대하는 마음으로 멋지게 장식한다

풍수에서는 현관을 행복과 행운이 들어오는 입구라 하여 중요하게 여기고 소중하게 생각합니다. 화장실에도 행운을 부르는 힘이 있고 현관에도 행운을 부르는 힘이 잠재되어 있습니다.

풍수는 초자연적인 힘의 기술이 아니라 풍부한 이론과 도리에 바탕을 두고 있습니다. 즉, 중국의 '노장사상'과 닮아 인간으로서의 윤리와 도덕심을 기초로 자아낸 사고방식입니다.

예를 들면, 사람들이 집을 지을 때 화장실을 북쪽에 두거나 석양을 피할 수 있는 위치에 부엌을 만드는 것은 위생적이고 음식이 부패되지 않도록 하는 지혜와 예지란 것을 알 수 있습니다. 이와 같이 예로부터 인간의 지혜와 예지를 쌓은 것을 풍수라고 합니다.

그래서 부엌이나 화장실을 항상 깨끗하게 청소하는 것은 사람의 마음을 갈고 닦는 것과 같고 그런 마음이 행운을 부른다고 합니다.

상쾌한 공기야말로 행운을 부르는 힘

그럼 현관이 왜 행운을 가져오는 중요한 장소일까요?

풍수에서는 우선 기(氣)의 흐름을 중요하게 생각합니다. 집의 중심에서 봤을 때 방위와 방향을 중요시하거나 하루 동안 변하는 태양의 위치를 살펴보는 것은 모두 그것을 자세히 파악해 기의 흐름에 맞게 살아가려는 사고방식입니다. 즉, 기는 우리가 쾌적하게 생활하고 건강하게 지내기 위한 환경과 조건이라고도 할 수 있습니다.

쾌적한 환경은 우리의 마음을 편안하게 만들고, 감정이 고양되게 하는 등 충족감으로 가득 찬 듯한 기분이 들게 합니다. 행복은 자기 마음먹기에 달려있습니다.

그런데 중요한 것은 우리는 행복이라는 마음의 가치를 슬프게도 물질적인 것으로만 생각한다는 점입니다. 말로는 아니라고 하면서도 대부분은 물질적인 것에서 행복을 느낍니다.

그것이 행복의 전부가 아니라는 것을 알면서도 돈이나 신분, 사회적 지위, 연애와 결혼, 가정과 건강이 자기 행복의 지표가 됩니다. 도대체 이 종잡을 수 없는 행복은 어디에 있는 걸까요?

행복은 마테를링크가 쓴 「파랑새」와 같이 실제 모습은 불확실하지만 어느 정도 그 모습을 구체적으로 보여줌으로써 자신의 희망이나 욕망의 대상을 드러낸다고 합니다.

사람이 모이는 곳에 정보와 돈이 모인다

정보는 사람이 가져옵니다. 즉, 사람이 처음 집으로 정보를 가져오는 곳이 현관입니다.

행복을 바라는 사람에게 현관이 왜 중요하냐면 사람들이 그곳으로 들어오고, 사람을 초대하여 서로 간의 담을 없애는 장소이기 때문입니다. 현관이야말로 행복의 대상을 실현시켜줄 사람을 부르는 장소인 것입니다.

또, 현관이 집 안과 밖을 나누는 경계라는 점이 중요합니다. 행운이 들어온다는 것은 나쁜 기운도 활개를 치며 들어올 수 있다는 것입니다. 그래서 현관을 집에 들어가기 전에 바깥에서 붙은 먼지(즉, 나쁜 운 같은 것)를 털어내고 정화시키는 곳이라고도 할 수 있습니다.

간단히 말하자면 꽃가루나 인플루엔자 바이러스의 침입을 막기 위해 코트에 붙은 먼지를 털어내는 것과 비슷합니다. 즉, 현관이란 바깥에서 붙은 나쁜 기운을 털어내는 경계입니다. 그만큼 바깥에서 만난 좋지 않은 일을 잠시 잊고 즐거운 마음을 갖게 할 수 있도록 만들어야 합니다. 또, 나뿐만 아니라 손님도 기분이 좋아져야 된다는 것이 중요합니다. 어쨌든 사람의 마음을 밝고 건강하게 하는 공간이어야 합니다.

생활감을 높이는 것은
한 발 더 행복으로 다가가는 길

현관은 행운을 옮기는 메신저를 가장 먼저 환영하고 위로하는 장소

하느님이나 부처님을 만나기 전에는 몸과 마음뿐만 아니라 주변도 깨끗하게 합니다. 몸에 붙은 먼지를 털거나 목욕재계로 더러운 것을 씻어내어 몸을 깨끗이 합니다. 현관을 깨끗이 청소하고 마중할 준비를 하는 것은 정화와 같은 것입니다.

가게문을 열어 장사를 시작하기 전에 문앞이나 내부를 깨끗이 청소하는 것은 신선한 기운과 활기찬 마음을 받아들이는 일종의 정화를 의미합니다.

앞에서 언급했듯이 풍수란 합리적인 생활감각에서 발생한 것이기 때문에 여기에는 논리성과 도리가 분명히 포함되어 있습니다.

현관은 처음 방문한 사람을 기분 좋게 맞이하고 대접하여 좋은 인상을 주려는 이른바 답안지와 같은 것으로, 그 답안지가 지저분하면 그것을 보는 사람에게도 좋지 않은 인상을 주기 때문에 좋은 점수를 줄 기분이 나지 않습니다. 이와 같이 현관이란 사람 즉, 행운의 정보를 가져다 주는 메신저를 가장 먼저 환영하고 위로하는 장소입니다.

현관에 꼭 있어야 할 행운을 부르는 5가지 규칙

지금까지 현관이 행운과 행복을 가져다 주는 얼마나 중요한 장소인지 알아보았습니다.

현관으로 행운이 들어오게 하려면 다음 5가지 규칙이 필요합니다.

> 1. 밝고 청결한 곳
> 2. 적당히 넓어 마음에 여유가 생길 만한 곳
> 3. 통풍이 잘되고 기의 흐름을 막지 않는 곳
> 4. 방위, 방향이 좋은 곳
> 5. 살고 있는 사람의 취미와 분위기가 있는 장식품으로 꾸며져 있는 곳

제 **1** 장

행운을 부르는
가장 좋은 현관

풍수적으로 가장 좋은 현관이란?
가장 좋은 현관을 만드는 방법을 소개합니다.
또, 금전운, 애정운, 사업운, 건강운에 맞춤화된
현관을 만드는 방법도 알아봅니다.

이것이 가장 좋은 풍수 현관이다

그림, 사진
현관문을 바라보고 좌측(좌청룡)에 산을 그린 그림이나 사진을 걸어 둡니다.

창문
현관에 창문이 있다면 정말 좋습니다. 밝은 햇살이 현관에 힘을 주기 때문입니다.

화분
밝은 꽃의 화분을 좌측(좌청룡)에 두어 현관을 화사하게 만듭니다.

금속으로 된 추시계
소리가 나는 금속으로 된 추시계는 좋지 않은 기를 완화시켜주는 최고의 아이템입니다. 이것도 좌측(좌청룡)에 둡니다.

현관은 기가 들어오는 입구로 사람의 입과 같다

사람은 입과 코로 산소와 영양분을 섭취하여 살아가고 있습니다. 이와 같이 현관도 사람의 입과 코와 같이 집에서 필요한 모든 것이 들어오는 곳입니다. 운기를 높여주는 기도 현관으로 들어옵니다.

현관으로 들어온 기는 산소와 같이 방 안 구석구석까지 스며들어 그 집의 운기를 크게 높여줍니다. 집 안의 운기가 높아지면 당연히 그곳에 사는 사람들의 운기도 높아집니다.

풍수적으로 가장 좋은 현관은?
집 잡을 곳이 없는 운기(運氣)가 많이 들어오는 현관을 소개합니다.

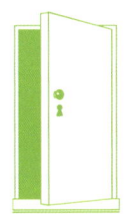

벽
흰색보다 따뜻한 색 계열인 아이보리색 등의 현관이 좋습니다.

우산꽂이, 신발, 슬리퍼걸이
우산꽂이와 신발, 슬리퍼걸이는 문을 바라보고 우측(우백호)에 둡니다. 바닥에는 최소한의 신발만 두고 나머지는 신발장에 넣어둡니다.

현관 매트
밝은색의 현관 매트가 개운(開運)의 포인트입니다. 노란색, 연지색, 빨간색을 추천합니다.

좌청룡에 운이 트이는 개운 아이템을 두자

먼저 현관은 넓고 밝고 청결해야 됩니다. 기본적으로 이 조건만 충족시켜도 운기를 꽤 높일 수 있습니다. 그러나 최고를 지향한다면 상세 포인트까지 파악해야 합니다.

운기를 높여주는 아이템은 단연 집 안에서 현관을 바라볼때 왼쪽에 두어야 됩니다. 중국에서는 왼쪽을 좌청룡이라고 하며, 힘 있는 위치를 뜻합니다. 그곳에 개운 아이템을 둡니다. 그중에서도 금속으로 된 추시계를 추천합니다. 현관에 소리가 나는 금속으로 된 아이템(풍경, 모빌 등)을 두면 악운을 차단해줍니다.

이것이 금전운 특화형 현관

금·전·운·UP
돈이 모이는 현관 만들기

▍좌청룡에 금전운을 높여주는 아이템을 배치하자

돈이 모이는 집과 모이지 않는 집의 차이는 어디에 있는 걸까요? 역시 현관에 따른 영향이 큽니다.

물론 처음에 소개한 현관도 금전운을 크게 높여줍니다. 그러나 그 이상으로 금전운을 높이고 싶은 사람을 위해 이 장에서는 금전운 특화형 현관을 소개합니다. 무엇보다도 금전운을 높이고 싶다면 금전운을 불러오는 확실한 아이템이 필요합니다. 현관 좌측에 그 아이템을 배치합니다.

▶ 금전운을 높이는
Key Point 는 물!

물은 기를 흡수하고 저장하는 역할을 합니다. 깨끗한 물, 금붕어 등이 헤엄치는 수조 등은 재력을 높여주는 효과가 있습니다. 특히 금붕어는 헤엄을 쳐서 물을 움직이게 하기 때문에 더욱 효과가 큽니다.

▍비휴(貔貅)와 물과 관련된 아이템으로 재물운(財物運)을 집으로 불러들이자

추천 아이템은 비휴 장식품입니다. 비휴는 전설의 동물로 재물을 가져다 준다고 합니다.

또, 폭포와 강 등 물과 관련된 그림과 사진도 금전운을 좋게 해줍니다.

금전운은 물과 크게 관계가 있기 때문에 어항을 두면 효과가 크다고 합니다. 단, 어항 등 수조는 주의해야 할 점이 있습니다. 즉효성이 높은 아이템이지만 경우에 따라서는 역효과가 날 수도 있습니다. 어항을 두어도 효과가 없다면 바로 치웁니다.

[금전운 특화형 현관 포인트]

1. 비휴 장식품을 둔다.
2. 어항 등의 수조를 둔다.
3. 폭포나 강, 바다 등 물과 관련된 그림과 사진을 걸어 둔다.
4. 현관 매트의 색은 흰색이 좋다.

그림, 사진
좌청룡에 폭포와 강, 바다 사진이나 그림을 걸어 둡니다(그림 속의 물은 안으로 흐르도록 합니다).

비휴 장식품
비휴 장식품을 좌청룡에 두어 재물운을 끌어들입니다.

수조
어항 등의 수조를 좌청룡에 둡니다. 단, 효과가 없는 경우에는 빨리 치웁니다.

현관 매트
금전운을 올리기 위하여 현관 매트는 흰색으로 하고 깨끗하게 유지합니다.

애·정·운·UP 이것이 애정운 특화형 현관

사랑하고 싶은 마음이 생기게 하는 현관 만들기

분홍색으로 가득한 생활로 바꾸자

사랑에 충실하고 싶다! 이것도 풍수의 힘으로 애정운을 높일 수 있습니다.

애정과 동떨어져 있는 사람은 집 안을 한번 훑어보세요. 촌스럽고 우울한 것들로 둘러싸여 있지는 않습니까?

역시 애정운을 높이고 싶다면 화사한 것으로 둘러싸인 생활을 하는 것이 중요합니다. 애정의 색은 분홍색이므로 분홍색 물건으로 현관을 꾸며봅니다.

현관도 분홍색으로 꾸미면 애정운이 크게 상승합니다.

▶ 애정운을 높이는
Key Point 는 분홍색 !

분홍색은 자율신경을 자극하여 내분비계를 활성화시켜 젊어지게 하는 효과가 있습니다. 하루에 3번, 분홍색을 이미지화해서 공기를 들이마시면 고운 피부로 만들어 주는 효과가 있다고 할 정도로 색이 인간에게 미치는 효과는 큽니다.

꽃병에 꽃을 꽂으면 애정 모드로 바뀐다

분홍색 현관은 분명 당신에게 사랑하고 싶은 기분으로 만들어 주는 것과 동시에 당신의 매력을 끌어내 줄 것입니다.

분홍색과 빨간색의 꽃을 꽃병에 꽂아두는 것도 추천합니다. 애정운이 없는 사람은 과감하게 장미를 꽂아보는 것은 어떨까요?

현관 매트와 슬리퍼 등 작은 물건도 분홍색으로 꾸미면 단숨에 화사한 현관으로 변신합니다. 단, 밝은색은 때가 타면 눈에 잘 띄므로 꾸준히 세탁하도록 합니다.

[애정운 특화형 현관 포인트]

1. 홍수정을 둔다.
2. 꽃병에 분홍색 장미를 꽂아둔다 (조화는 절대 금물!).
3. 아로마 세트를 두어 현관에서 향기가 나게 한다.
4. 분홍색과 빨간색 꽃 그림이나 사진을 걸어 둔다.
5. 현관 매트의 색은 분홍색이 좋다.

그림, 사진
좌청룡에 분홍색과 빨간색 꽃 사진이나 그림을 걸어 둡니다.

꽃병
꽃병에 꽃을 꽂아 좌청룡에 둡니다. 분홍색 장미면 더욱 효과가 높습니다.

홍수정
수정은 애정의 힘을 높여주는 돌입니다. 좌청룡에 두어 사랑이 찾아오도록 합니다.

아로마 세트
향기가 은은하게 새어나오도록 합니다.

현관 매트
애정운을 높이고 싶다면 현관 매트도 분홍색을 추천합니다.

이것이 사업운 특화형 현관

사·업·운·UP
일이 진척되는 현관 만들기

인간관계와 동기부여를 사업용 현관에서 높이자

일이 슬럼프에 빠졌거나 열심히는 하고 있는데 성과가 없는 등 여러모로 자신만 계속 일이 잘 풀리지 않을 때가 있습니다. 그때야말로 풍수에 맡겨봅니다.

일은 뭐니 뭐니 해도 인간관계가 가장 중요합니다. 인간관계를 좋게 만들고, 자신에게 동기를 부여하기 위해 풍수학을 사용합니다. 현관은 기가 들어오는 입구이고 바깥 세계와의 접점입니다. 바깥 세계와 자신을 잘 엮어 일의 성과로 연결시킬 수 있습니다.

▶ 사업운을 높이는
Key Point 는 커뮤니케이션!

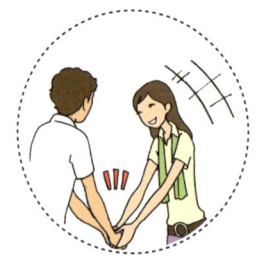

일을 하는 데 인간관계는 매우 중요합니다. 커뮤니케이션에서 예의와 겸허, 협동성을 중요시하면 사업운을 높일 수 있습니다. 양호한 인간관계는 본인뿐만 아니라 가족에게도 행운을 가져다 줍니다. 파란색 계열의 색을 추천합니다.

전화로 커뮤니케이션하고 도시의 사진으로 동기부여

좌청룡에 사업운을 높여주는 아이템을 장식하는 것만으로 사업용 현관이 완성됩니다.

전화기를 현관에 두면 커뮤니케이션을 원활하게 할 수 있습니다. 또, 자기가 좋아하는 도시의 사진 등을 걸어 두면 두뇌 회전이 더 잘 됩니다.

현관에 걸어 둔 도시 사진을 보고 일하러 가면 이상할 정도로 일이 잘 풀릴 것입니다.

[**사업운 특화형**
현관 포인트]

1. 전화기를 카운터 위에 둔다.
2. 메모장과 펜을 카운터 위에 둔다.
3. 자기가 좋아하는 도시의 그림과 사진을 걸어 둔다.
4. 디지털시계를 둔다.
5. 현관 매트의 색은 짙은 파란색이 좋다.

그림, 사진
좌청룡에 좋아하는 도시의 그림이나 사진을 걸어 둡니다.

디지털시계
디지털시계를 좌청룡에 두어 두뇌 회전력을 향상시킵니다.

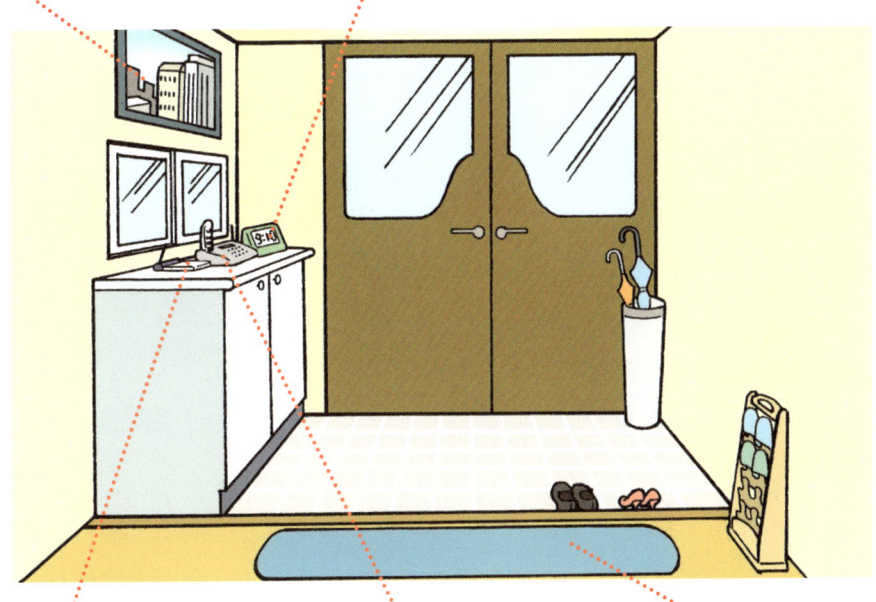

메모장과 펜
메모장과 펜을 카운터 위에 둡니다.

전화기
전화기는 소리가 나는 아이템이므로 현관에 두는 것을 추천합니다. 커뮤니케이션을 향상시킬 수 있습니다.

현관 매트
사업운을 향상시키고 싶다면 현관 매트는 짙은 파란색을 추천합니다.

이것이 건강운 특화형 현관

건·강·운·UP
항상 건강한 현관 만들기

풍수는 건강을 유지하는 데 없어서는 안 될 요소

건강은 무엇보다도 가장 중요합니다. 몸이 안 좋을 때 건강의 소중함을 크게 깨닫습니다.

풍수는 건강에도 큰 역할을 합니다. 나쁜 기를 털어내고 집 안이 좋은 기로 가득 차게 하는 거야말로 건강하게 지낼 수 있는 포인트입니다.

기가 들어오는 입구인 현관은 집 안에 좋은 기를 넣고 나쁜 기는 걸러내는 필터와 같은 역할을 합니다. 필터가 지저분해지면 집이 나쁜 기로 가득 차기 때문에 가장 먼저 현관을 청결하게 하는 것이 중요합니다.

▶ 건강운을 높이는 Key Point 는 녹색!

숲 등 자연은 인간의 정신을 안정시키는 효과가 있습니다. 자연과 녹색은 균형과 조화에도 영향을 주고, 마음을 평온하게 해주는 힘이 있어 혈압을 안정시켜주는 등 건강에 좋은 효과가 있습니다.

전체를 깨끗하게 해서 치유 효과가 높은 현관으로 만들자

현관을 깨끗하게 해서 건강운을 향상시키기 위해서는 현관을 녹색으로 꾸미는 것이 좋습니다.

관엽식물 등의 분재와 상쾌한 숲 그림이나 사진, 현관 매트의 색 등으로 현관을 푸르게 꾸밉니다.

아로마 향기가 나게 하는 것도 추천합니다. 삼나무 향기 등 심신을 안정시켜주고 자연의 향기를 느낄 수 있게 해주면 좋습니다. 또, 숯을 놓아두는 것도 추천합니다. 최근에는 장식용 숯도 많이 팔고 있으므로 꼭 이용해봅니다. 이걸로 치유 효과를 높이는 현관이 완성됩니다.

건강운 특화형 현관 포인트

1. 숲 그림이나 사진을 걸어 둔다.
2. 관엽식물을 둔다.
3. 숯을 카운터 위에 둔다.
4. 아로마 세트를 두어 현관에서 향기가 나게 한다.
5. 현관 매트의 색은 녹색이 좋다.

그림, 사진
좌청룡에 숲 등 그림과 사진을 걸어 둡니다.

아로마 세트
현관에서 삼나무 등 자연 향기가 나는 아로마를 태워 현관 전체를 치유 공간으로 만듭니다.

관엽식물
허리 정도 오는 높이의 관엽식물을 현관에 둡니다.

천연석
천연석을 좌청룡에 두면 치유의 힘이 향상됩니다.

숯
숯을 좌청룡에 두어 현관의 정화력을 높입니다.

현관 매트
건강운을 향상시키려면 현관 매트는 녹색을 추천합니다.

행운을 부르는 현관의 방위

출생연도에 따라 행운이 오는 방위가 다르다

팔택파(八宅派) 풍수학으로 알 수 있는 자신의 본명괘(本命卦)와 길방위(吉方位)

중국의 전통적인 풍수학 중에서도 특히 가장 인기 있는 것이 팔택파입니다. 팔택파는 출생연도에 따라 그 사람의 길흉 방위를 알 수 있다고 합니다. 그것을 본명괘라고 합니다.

본명괘는 팔괘의 이름으로, 숫자와 오행(풍수에서 중요시되는 속성)으로 표현되는 것입니다. 감(坎), 이(離), 손(巽), 진(震), 곤(坤), 건(乾), 태(兌), 간(艮) 전부 8종류로 나뉩니다.

8종류의 본명괘는 각각 길방위가 다릅니다. 특히 집 현관이 길방위에 있으면 좋다고 합니다.

가족이 살고 있는 경우에는 사람마다 출생연도가 달라 길방위도 제각각이므로 그 집에 가장이나 기둥인 사람의 길방위를 기준으로 합니다.

다음 페이지에는 본명괘를 내는 간단한 계산법을 소개하므로 자신의 본명괘와 길방위를 계산해보세요.

만약 우리 집 현관이 길방위에 있다면 문제가 없지만 그렇지 않은 경우에는 주의해야 합니다. 각각의 본명괘에 대응하며 개선하는 방법은 28쪽부터 나와 있습니다. 참고하여 현관의 운기를 높이기 바랍니다.

▶ 방위와 풍수의 관계

풍수에는 8개의 방위가 있고, 각각에 오행[목(木), 화(火), 토(土), 금(金), 수(水)]의 기가 있다고 합니다. 목은 나무를 상징하는 색깔과 테마로 대응하고, 화는 불을 상징하는 색깔과 테마로 대응합니다.

자신의 본명괘를
알아내는 계산법과 대처 방안

본명괘의 계산법은 남성과 여성에 따라 다릅니다.

남성의 경우

11-(출생연도를 단수로 분할하여 더한 숫자)=본명괘 숫자

1965년생의 경우

1+9+6+5=21 → 2+1=3

※ 더한 숫자가 두 자리 수인 경우는 똑같이 단수로 분할하여 더합니다.

11-3=8

1965년생 남성의 본명괘의 숫자는 '8'입니다.

(본명괘의 숫자에 5는 없기 때문에 남성의 경우 결과가 5일 때는 자동으로 '2'가 됩니다.)

여성의 경우

(출생연도를 단수로 분할하여 더함)+4=본명괘 숫자

1965년생의 경우

1+9+6+5=21 → 2+1=3

※ 더한 숫자가 두 자리 수인 경우는 똑같이 단수로 분할하여 더합니다.

3+4=7

1965년생 여성의 본명괘의 숫자는 '7'입니다.

(본명괘의 숫자에 5는 없기 때문에 여성의 경우 결과가 5일 때는 자동으로 '8'이 됩니다.)

※ 주의점 : 출생연도는 24절기로 하기 때문에 양력의 2월 4일 입춘절이 경계가 됩니다. 따라서 이보다 전에 태어난 사람은 전년으로 계산합니다. 예를 들어, 1965년 2월 3일생이라면 1964로 계산합니다.

본명괘의 숫자와 오행

감(坎) 숫자 : 1 오행 : 수(水)
이(離) 숫자 : 9 오행 : 화(火)
손(巽) 숫자 : 4 오행 : 목(木)
진(震) 숫자 : 3 오행 : 목(木)
곤(坤) 숫자 : 2 오행 : 토(土)
건(乾) 숫자 : 6 오행 : 금(金)
태(兌) 숫자 : 7 오행 : 금(金)
간(艮) 숫자 : 8 오행 : 토(土)

본명괘가 '1'(坎)인 사람의 경우

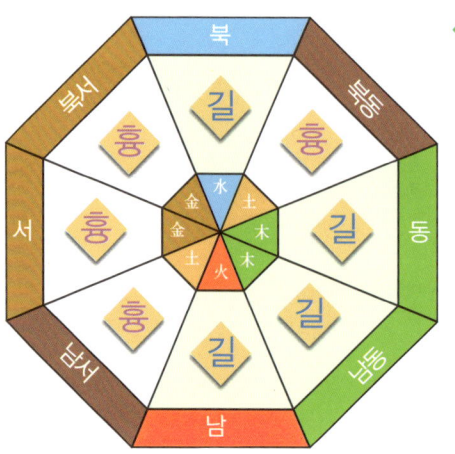

◆ 현관의 길방위 : 남동, 동, 남, 북

＊ 현관이 흉방위인 경우의 대책 ＊

1. 현관 매트를 당신의 행운색으로 바꿔 나쁜 기운을 털어냅니다. 당신의 오행은 '水'이므로 현관 매트는 물을 상징하는 색인 옅은 남색, 검은색, 회색이 좋습니다.

2. 물과 관련된 그림, 사진을 걸어 나쁜 기운을 털어냅니다. 바다, 강, 폭포 등 물이 강조된 풍경이 좋습니다.

본명괘가 '9'(離)인 사람의 경우

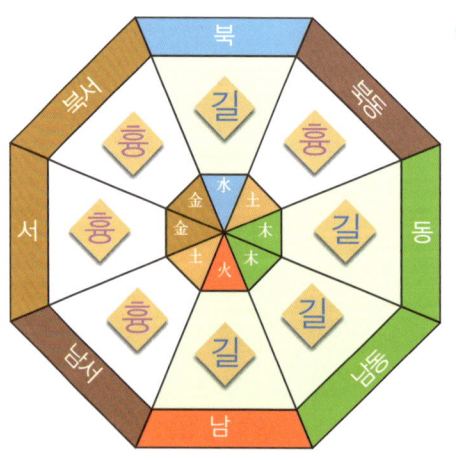

◆ 현관의 길방위 : 동, 남동, 북, 남

＊ 현관이 흉방위인 경우의 대책 ＊

1. 현관 매트를 당신의 행운색으로 바꿔 나쁜 기운을 털어냅니다. 당신의 오행은 '火'이므로 현관 매트는 불을 상징하는 색인 보라색, 오렌지색, 빨간색이 좋습니다.

2. 불과 관련된 그림, 사진을 걸어 나쁜 기운을 털어냅니다. 태양, 불꽃, 횃불 등 불과 빨간색이 조화된 풍경이 좋습니다.

본명괘가 '4'(巽)인 사람의 경우

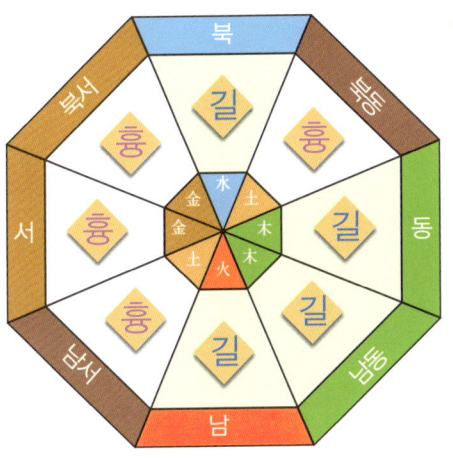

◆ 현관의 길방위 : 남, 북, 남동, 동

＊현관이 흉방위인 경우의 대책＊

1. 현관 매트를 당신의 행운색으로 바꿔 나쁜 기운을 털어냅니다. 당신의 오행은 '木'이므로 현관 매트는 나무를 상징하는 색인 파란색, 녹색이 좋습니다.

2. 나무와 관련된 그림, 사진을 걸어 나쁜 기운을 털어냅니다. 삼림, 관엽식물 등 녹색이 강조된 풍경이 좋습니다.

본명괘가 '3'(震)인 사람의 경우

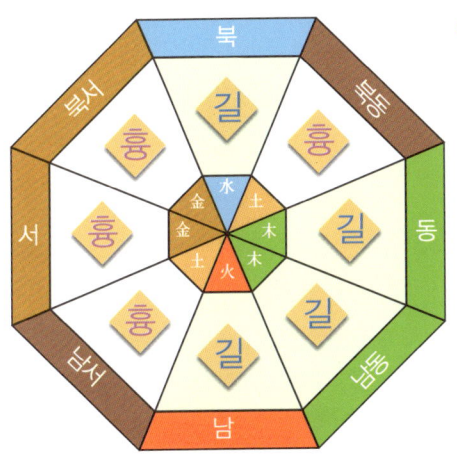

◆ 현관의 길방위 : 남, 북, 남동, 동

＊현관이 흉방위인 경우의 대책＊

1. 현관 매트를 당신의 행운색으로 바꿔 나쁜 기운을 털어냅니다. 당신의 오행은 '木'이므로 현관 매트는 나무를 상징하는 색인 파란색, 녹색이 좋습니다.

2. 나무와 관련된 그림, 사진을 걸어 나쁜 기운을 털어냅니다. 삼림, 관엽식물 등 녹색이 강조된 풍경이 좋습니다.

본명괘가 '2'(坤)인 사람의 경우

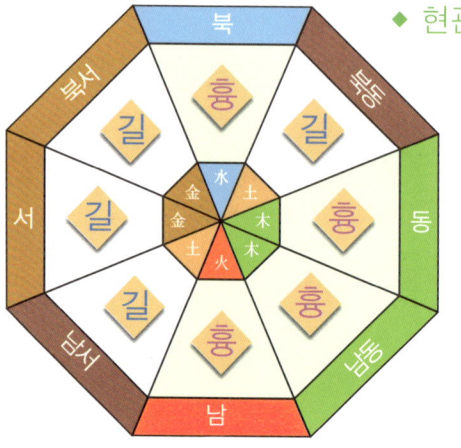

◆ 현관의 길방위 : 북동, 서, 북서, 남서

※ 현관이 흉방위인 경우의 대책 ※

1. 현관 매트를 당신의 행운색으로 바꿔 나쁜 기운을 털어냅니다. 당신의 오행은 '土'이므로 현관 매트는 흙을 상징하는 색인 황토색, 갈색, 노란색이 좋습니다.

2. 흙과 관련된 그림, 사진을 걸어 나쁜 기운을 털어냅니다. 대지, 고원 등 흙이 강조된 풍경이 좋습니다.

본명괘가 '6'(乾)인 사람의 경우

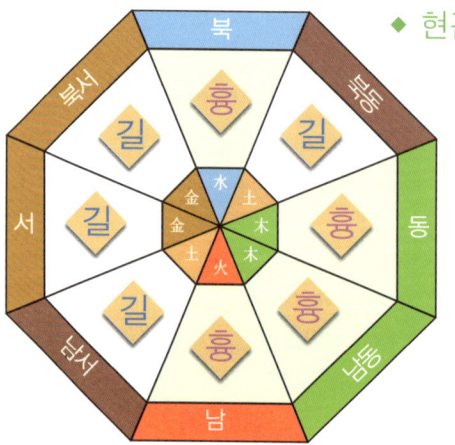

◆ 현관의 길방위 : 서, 북동, 남서, 북서

※ 현관이 흉방위인 경우의 대책 ※

1. 현관 매트를 당신의 행운색으로 바꿔 나쁜 기운을 털어냅니다. 당신의 오행은 '金'이므로 현관 매트는 돈을 상징하는 색인 흰색, 금색이 좋습니다.

2. 금과 관련된 그림, 사진을 걸어 흉상을 털어냅니다. 동전, 금제품, 금속 등 돈이 강조된 풍경이 좋습니다.

본명괘가 '7'(兌)인 사람의 경우

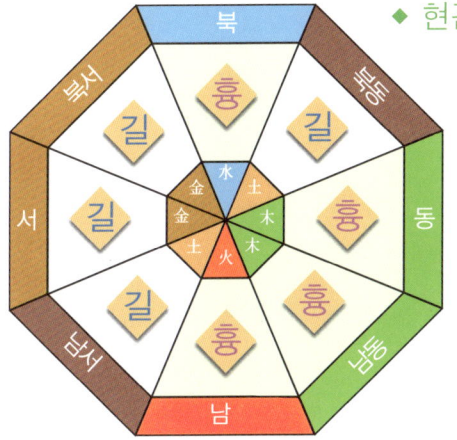

◆ 현관의 길방위 : 북서, 남서, 북동, 서

＊ 현관이 흉방위인 경우의 대책 ＊

1. 현관 매트를 당신의 행운색으로 바꿔 나쁜 기운을 털어냅니다. 당신의 오행은 '金'이므로 현관 매트는 돈을 상징하는 색인 흰색, 금색이 좋습니다.

2. 금과 관련된 그림, 사진을 걸어 흉상을 털어냅니다. 동전, 금제품, 금속 등 돈이 강조된 풍경이 좋습니다.

본명괘가 '8'(艮)인 사람의 경우

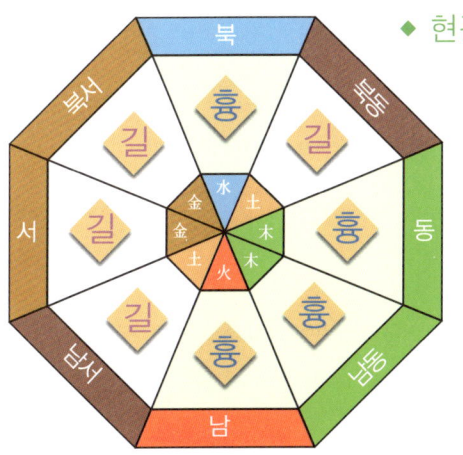

◆ 현관의 길방위 : 남서, 북서, 서, 북동

＊ 현관이 흉방위인 경우의 대책 ＊

1. 현관 매트를 당신의 행운색으로 바꿔 나쁜 기운을 털어냅니다. 당신의 오행은 '土'이므로 현관 매트는 흙을 상징하는 색인 황토색, 갈색, 노란색이 좋습니다.

2. 흙과 관련된 그림, 사진을 걸어 나쁜 기운을 털어냅니다. 대지, 고원 등 흙이 강조된 풍경이 좋습니다.

현관 풍수의 기본편

최강 현관 풍수 퀴즈

전체운, 금전운, 애정운 등을 향상시키기 위해서는?
풍수 현관의 기본적인 것을 퀴즈로 확인해보자.

 다음 중 현관으로 들어온 운기를 향상시키는 아이템을 두기 좋은 위치는?

① 문을 바라보고 우측
② 문을 바라보고 정면
③ 문을 바라보고 좌측

개운 아이템은 좌청룡이라고 하는 위치에 두는 것이 가장 좋습니다. 이 좌청룡은 문을 바라보고 좌측을 가리킵니다.

 정답 ③

 좌청룡에 카운터가 없고, 물건을 둘 수 있는 자리가 우백호와 구석 밖에 없다. 이 경우에는 어떻게 해야 할까?

① 우측과 구석밖에 자리가 없다면 그곳에 둔다.
② 우측과 구석 선반에는 수조 등 움직이는 것을 두지 않는다.
③ 좌청룡에 둘 자리가 없다면 아무것도 두지 않는 편이 좋다.

우측과 구석 카운터에는 되도록이면 활동적인 물건을 두는 것을 피하고 백색 도자기로 된 장식품 등 안정되는 아이템만 둡니다.

 정답 ②

 다음 중 우산꽂이와 신발, 슬리퍼걸이를 두면 좋은 위치는?
① 문을 바라보고 우측
② 문을 바라보고 좌측
③ 어디든지 상관없다.

우산꽂이와 신발, 슬리퍼걸이는 좌청룡이 아닌 우측에 둡니다. 우측에 둘 자리가 없을 때는 좌청룡이 아닌 위치에 둡니다.

 정답 ①

 다음 중 현관의 길방위가 부부가 반대인 경우 아이템을 누구에게 맞추면 좋을까?
① 집에 오래 있는 아내에게 맞춘다.
② 양쪽의 아이템을 섞어 둔다.
③ 가족을 지탱하는 가장에게 맞춘다.

보통은 사회적 행동이 많은 가장에게 맞춥니다. 아내는 장식을 바꾸거나 침실 배치 등에 신경 써야 합니다. 가장이 아내인 경우에는 아내가 우선입니다.

 정답 ③

 다음 중 돈이 모이는 금전운 특화형 현관으로 옳지 않은 것은?
① 비휴 장식물을 현관에 둔다.
② 현관 매트 색은 짙은 파란색이 좋다.
③ 폭포와 강, 바다 등의 그림과 사진을 걸어 둔다.

짙은 파란색의 현관 매트는 사업운을 강화시키는 아이템입니다. 금전운을 향상시키려면 흰색 현관 매트를 깔아 둡니다.

 정답 ③

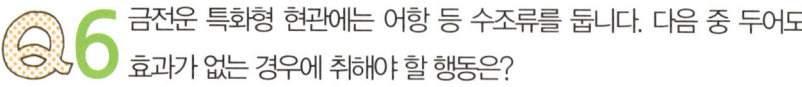 금전운 특화형 현관에는 어항 등 수조류를 둡니다. 다음 중 두어도 효과가 없는 경우에 취해야 할 행동은?

❶ 효과가 있을 때까지 느긋하게 기다린다.
❷ 효과가 없다면 바로 정리한다.
❸ 지금보다 큰 물고기로 바꾼다.

물이 움직이는 수조류는 즉효성이 있습니다. 따라서 효과가 없는 경우에는 역효과가 날 수 있으므로 바로 치웁니다.

 정답 ❷

 다음 중 애정운을 향상시키는 현관을 만드는 데 효과적인 색은?

❶ 노란색
❷ 흰색
❸ 분홍색

애정운을 향상시키는 색은 역시 분홍색이 최고입니다. 이 색으로 통일하면 젊어지는 듯한 기분이 들고 실제로도 피부가 고와지는 효과가 있다고 합니다.

 정답 ❸

 다음 중 애정운 특화형 현관의 좌청룡에 두는 꽃 중 특히 효과가 있는 종류는?

❶ 분홍색 장미
❷ 선인장
❸ 흰 국화

분홍색 장미는 애정운을 높여줍니다. 선인장은 피하는 것이 좋습니다.

 정답 ❶

 다음 중 현관에 두면 일이 잘 풀리는 아이템은?

❶ 흰색 현관 매트
❷ 메모장과 펜
❸ 디지털시계

사업운을 향상시키는 것은 짙은 파란색 현관 매트입니다. 두뇌 회전을 높이는 디지털시계와 일을 할 수 있는 여건을 만들어 주는 메모장과 펜도 효과가 있습니다.

정답 ❷❸

 다음 중 일할 때 필요한 커뮤니케이션운을 향상시키기 위해 두면 좋은 것은?

❶ 리모컨
❷ 게임기
❸ 전화기

소리가 나는 아이템인 전화기를 현관에 두면 커뮤니케이션이 향상되고 일을 하고 싶게 만드는 동기를 부여합니다.

정답 ❸

 다음 중 건강운을 향상시키기 위해 현관에 두면 효과적인 것은?

❶ 장작
❷ 숯
❸ 석탄

정화 작용이 있는 숯은 특히 건강운을 향상시키는 데 효과적입니다. 최근에는 장식용 숯도 많이 나와 있어 인테리어 아이템으로 인기가 있습니다.

정답 ❷

풍수에서 중요한 좌청룡이란?

풍수적으로 가장 좋은 현관과 금전운, 애정운 등에 특화한 현관을 소개했습니다. 이들의 공통점은 좌청룡에 운기를 높여주는 아이템을 두는 것입니다. 그럼 좌청룡이란 무엇일까요?

좌청룡

좌청룡이란 방위적으로는 동쪽 수호신이지만 풍수에서는 엄밀히 말해 방위가 아닌 집의 좌측을 가리킵니다. 따라서 실내에서 문을 바라보고 좌측이 되는 것입니다. 청룡은 동서남북의 수호신인 사신수(四神獸) 중에서도 가장 인기 있고 운이 좋다고 합니다.

우백호

서쪽 수호신인 백호. 집의 우측을 가리킵니다.

남주작

남쪽 수호신인 주작. 집의 앞쪽을 가리킵니다.

북현무

북쪽 수호신인 현무. 집의 뒤쪽을 가리킵니다.

좌청룡에 신발장과 카운터가 없는 경우에는?

좌청룡에 운기를 높여주는 아이템을 두는 것을 풍수적으로 좋다고 여기지만 반대편인 우백호에 신발장과 카운터가 있는 경우도 많습니다. 그때는 어떻게 하면 좋을까요? 좌청룡에 카운터가 없어도 그림과 사진은 걸 수 있으므로 그것을 걸어 둡니다. 그림이나 사진을 걸어 둘 위치는 사람이 서 있는 상태에서 눈높이 정도가 좋습니다. 반대편인 우백호의 카운터에는 시계, 수조 등 활동적인 물건을 두지 말아야 합니다. 원래는 깔끔하게 아무것도 없는 것이 좋지만 백색 도자기로 된 물건 등 마음이 안정되는 것을 두는 것은 괜찮습니다.

제 2 장
현관의 개운력을 향상시키자

현관에 개운 아이템과 식물 등을 두어 개운력을 향상시킵니다. 각각의 아이템 특성을 파악하여 개운 현관을 만드는 데 도움이 되도록 합시다.

인테리어 소품으로 운세를 더욱 향상시키자

행운(운기)을 부르는 5가지 아이템

풍수에서 행운은 현관으로 들어온다고 합니다. 그 밖에도 행운은 밝고 깨끗하고 좋은 향기가 나는 현관을 좋아합니다. 행운은 지저분하게 어지럽혀져 있고 청소도 하지 않아 어두운 음기를 내뿜는 현관으로는 다가오지 않습니다.

이 장에서는 행운을 부르는 현관의 포인트를 소개합니다. 특히 현관에 빠져서는 안 될 5가지 인테리어 아이템을 선별하는 방법과 배치하는 방법 등을 구체적으로 설명합니다. 약간의 인테리어로 행운이 넘치는 현관을 만들어 봐요.

❶ 식물

풍수에서 꽃과 관엽식물 등 생기 넘치는 것들은 행운을 부르는 힘이 강하다고 합니다. 특히 여러 가지 색을 띤 화려한 꽃은 두는 것만으로 마음이 밝아집니다. 또, 관엽식물은 기를 정화시키고 음기가 모이지 않게 합니다.

❷ 장식품

최근 인기 있는 천연석은 강한 힘을 발휘하기 때문에 현관에 두면 효과를 볼 수 있습니다. 또, 나쁜 기가 들어오지 못하게 하는 것이 금속제 장식품입니다. 특히 추시계는 행운을 많이 부릅니다.

❸ 거울, 그림, 사진

풍수에서 큰 힘을 가진 행운의 아이템은 거울입니다. 단, 두는 장소에 따라서 역효과를 일으킬 수 있기 때문에 유의해서 체크(46쪽 참조)합니다. 그림과 사진도 행운을 부르는 중요한 아이템입니다. 현관의 인테리어와 맞는 크고 색감이 좋은 것을 고릅니다.

❹ 현관 매트, 슬리퍼, 구둣주걱

의외로 현관에서 가장 인상이 강한 것이 매트입니다. 집 주인의 품격을 나타내기 때문에 저렴한 것은 되도록 피합시다. 또, 슬리퍼는 나쁜 기를 흡수하므로 항상 깨끗하게 보관합시다.

❺ 아로마, 소취제

어둡고 통풍이 잘 되지 않는 현관은 냄새와 나쁜 기가 모이기 쉬운 곳입니다. 소취제로 맑은 공기를 만들고 아로마로 기분 좋고 상쾌한 향기가 나도록 합시다.

식물

현관의 이미지를 밝게 연출하고 풍수 파워를 향상시키는 데는 꽃과 관엽식물이 제일!

생기 있는 꽃은 좋은 기를 끌어낸다

행운을 부르는 가장 좋은 방법은 꽃과 관엽식물을 두는 것입니다. 좋아하는 꽃이라면 무엇이든 좋지만 현관을 밝고 화사하게 만들어 줄 수 있는 것이 좋습니다. 또, 그 계절에 피는 꽃의 힘이 강하다고 합니다.

꽃은 생화가 가장 좋고 조화는 힘을 반감시킨다

현관에 1년 내내 꽃을 둔다는 것이 생각만큼 쉽지 않습니다. 가꾸기도 힘들고 돈도 많이 들지요. 그래서 드라이 플라워와 조화를 두는 사람이 있습니다만 생화에 비해 힘이 반감됩니다. 드라이 플라워는 $1/2$의 힘, 조화는 $1/4$의 힘밖에 내지 못합니다. 그래도 꽃을 두지 않는 것보다는 이런 꽃이라도 두는 편이 더 효과적입니다.

단, 드라이 플라워 등은 오래 보관할 수 있는 만큼 먼지가 쌓이기 쉽기 때문에 꾸준히 청소해주세요.

관엽식물은 기를 정화시키고 에너지가 나오게 한다

풍수에서 초목이 무성해지는 것은 생기가 왕성하고 좋은 기로 가득 찬다고 여깁니다.

현관에 관엽식물을 두어 에너지를 나오게 하여 좋은 기(행운)가 쉽게 들어오도록 합시다. 또, 관엽식물은 나쁜 기를 정화시키기 때문에 현관에 안성맞춤인 인테리어 아이템입니다.

짜증이 날 때는 화분에 꽃을 심자

생화를 자른 꽃과 화분에 꽃을 심은 것은 똑같은 효과를 볼 수 있습니다. 흙은 그곳에 있는 것만으로도 그 공간을 안정시켜 줍니다. 예를 들면, 짜증이 날 때 화분에 꽃을 심어 현관에 둡니다. 흙의 기가 심신을 안정시켜주고 짜증을 억누릅니다.

창문이 있어 햇빛이 비치는 현관에 꽃을 두면 힘은 두 배로 UP!

밝은 현관은 행운을 부르는 열쇠입니다. 밝은 환경에 꽃을 두면 행운을 끌어내는 효과가 배로 증가합니다.

만약 양달이지만 창문이 없는 현관은 조명으로 대신합니다. 꽃과 관엽식물을 밝게 비추면 식물도 생기 있어지고 한층 더 운기를 부르는 힘이 커집니다.

> **Q** 물건을 둘 장소가 없을 때는 어떻게 하는 것이 좋을까요?
>
> **A** 현관을 될 수 있는 한 넓게 사용하기 위해 공간을 절약할 수 있는 코너 테이블 등을 두는 것을 추천합니다. 이 경우 적은 공간을 잘 활용해서 운수에 좋은 소품을 깔끔하게 정돈해주세요. 너무 많이 장식해서 지저분해지지 않도록 주의하세요.

현관에서 일직선으로 베란다가 있을 때는 중간에 한 번 더 관엽식물을 놓자

현관에서 일직선으로 베란다가 있으면 풍수에서는 재물이 빠져나가는 집이라 하여 좋지 않게 생각합니다. 이때는 복도 중간에 관엽식물을 두어 기가 빠져나가지 않도록 하는 것이 요령입니다. 관엽식물 대신 발을 다는 것도 효과가 있습니다.

애정운을 향상시키는 방법

도화위(桃花位)로 바로 실천!

❖도화위란?❖

도화위란 풍수에서 애정운을 향상시켜주는 가장 중요한 방위입니다. 태어난 띠(예 : 용띠, 쥐띠 등)마다 도화위가 따로 있으므로, 그 방위를 언제나 깨끗하게 청소하고 예쁜 꽃을 꽂아둡니다.

꽃은 달콤한 향기가 나는 장미, 백합, 난 등을 추천하나, 기본적으로 좋아하는 꽃이라면 무엇이든 좋고 물을 가득 넣은 꽃병에 꽂아둡니다. 마음만 먹으면 멋진 만남과 사랑하는 사람이 바로 그곳에 당신을 기다리고 있을지도 모릅니다.

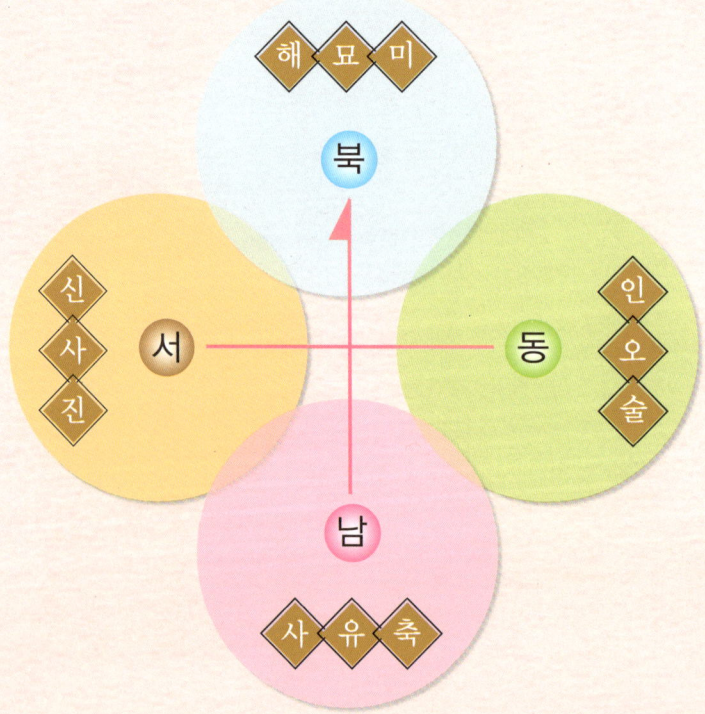

혹시 우리 집 현관이 이렇지 않나요?

현관에 잎이 뾰족한 것은 두지 말 것!

운기를 부르는 힘이 넘치는 식물이라고 무엇이든 다 좋은 것은 아닙니다. 예를 들면, 현관에 가시가 있는 선인장과 잎 끝이 뾰족한 식물을 두는 것은 좋지 않으므로 주의하세요.

눈높이보다 높은 큰 인테리어는 두지 않기!

현관은 넓고 깔끔해야 기의 흐름이 원활해집니다. 이 때 인테리어 소품은 너무 이것저것 두지 말고 깔끔하게 정리해둡시다. 또, 한 가지 중요한 것이 있습니다. 그것은 눈높이보다 높은 큰 인테리어 소품을 두지 않는 것입니다. 예를 들면, 자기 키보다 큰 관엽식물과 거울 등은 오히려 압박감을 줍니다. 현관의 넓이와 균형을 생각해서 물건을 둡시다.

시든 꽃을 신발장 위에 두지 말자!

현관에 항상 꽃을 두는 것은 매우 힘든 일입니다. 꾸준히 물을 갈아주고 될 수 있는 한 오랫동안 돌볼 수 있도록 관리합시다. 혹시 꽃이 시들면 되도록 빨리 치우세요. 시든 채로 방치해두는 것은 절대 안 됩니다. 언제까지고 시들어버린 꽃병을 두는 것도 있을 수 없는 일입니다. 빨리 새로운 꽃으로 바꿔주세요.

현관에 자전거 등 움직이는 것을 두지 않기!

최근에는 멋진 자전거를 많이 볼 수 있습니다. 그 때문인지 자전거를 밖이 아닌 현관에 보관하는 사람들이 늘고 있습니다. 단, 풍수적으로는 기가 흐르는 통로인 현관에 자전거를 두는 것은 좋지 않습니다. 둘 장소가 없어 현관에 둘 수밖에 없을 때는 커버 등을 씌워 보이지 않도록 합니다.

장식품

보일 듯 말듯 한 소품으로 멋지게 연출하면서 운기도 얻습니다

천연석의 힘으로 운기도 상승

풍수에서 천연소재는 강한 힘을 발휘한다고 합니다. 그중에서도 천연석의 효과는 놀라울 정도로 좋은 기를 많이 흡수하기 때문에 현관 소품으로 특히 추천하는 아이템입니다.

예로부터 각각의 천연석에는 에너지라는 의미가 담겨 있습니다. 상황에 따라 바라는 소원을 담아 천연석을 고르는 것도 좋습니다.

추시계로 행운의 기를 부르자

현관에 추시계를 두면 기의 흐름이 활발해져 좋은 기가 현관 입구로 원활하게 들어옵니다.

특히 금속제나 목제 시계를 추천하고 추시계는 나쁜 기가 들어오지 못하게 막아줍니다.

행운을 부르는 풍수 물건

풍수에서는 예로부터 행운을 불러들이기 위해 '용', '기린', '봉황', '거북이', '두꺼비'를 귀중하게 여기고 있습니다. 이것을 행운의 입구인 현관에 두어 운기를 적극적으로 흡수합니다. 단 주변 인테리어와 균형을 생각해서 놓아두세요.

기린

평화를 상징하는 기린을 두어 가정의 평온과 행복을 기원합니다. 또, 건강운과 자식 복에도 효과가 있다고 합니다. 현관 쪽으로 얼굴을 향하게 두면 더욱 효과적입니다.

봉황

봉황은 예술과 예능을 상징하고 예능과 예술 면에서 명예를 높이고 싶을 때 두면 효과가 있다고 합니다. 또, 아이디어와 기획력을 향상시키고 싶을 때도 장식해 둡시다.

금속제 장식품은 나쁜 기를 차단한다

금속제 장식품은 나쁜 기를 차단하고 좋은 기만 집 안으로 불러들입니다. 그중에 특히 금은 최고의 힘을 발휘합니다.

조명은 태양의 역할을 하므로 어두운 현관에 두어 양기를 얻자

행운의 기는 어두운 현관을 좋아하지 않습니다. 현관이 어둡다고 생각되면 과감하게 밝은 조명기구(또는 밝은 전구)로 바꿉니다. 쉽게 바꿀 수 없는 경우에는 신발장 위에 스탠드(조명)를 두고 커버등을 씌워 간접적으로 밝게 합니다.

인형 장식품은 도자기나 유리로 된 제품이나 목제를 추천

인형은 한눈에 띄는 커다란 존재이고 인형의 이미지가 현관을 인상에 남게 해주는 경우도 있습니다. 따라서 현관에 두는 인형은 도자기나 유리로 된 제품 또는 목제로 된 것을 추천합니다. 인형은 운을 불러들이는 힘이 강하다고 합니다. 중요한 점은 장식품에 먼지가 쌓이지 않게 하기 위해 그때그때 청소하는 것입니다.

* 거북이 *

장수를 상징하고 우리에게 익숙한 거북이. 물론 풍수에서도 장수를 소망하는 의미를 담고 있습니다. 또, 거북이의 등껍데기가 사기를 없앤다고 하니 현관에 두기에 가장 적당합니다.

* 용 *

행운의 상징인 용은 예로부터 황제처럼 높은 격의 상징이었습니다. 집의 동쪽 방향이나 현관문을 바라보고 좌측에 두는 것이 좋습니다. 잔에 물을 넣어 용 앞에 두는 것도 좋습니다.

* 삼족 두꺼비 *

삼족 두꺼비는 재물운을 상징하고 입으로 돈을 내뱉는다고 합니다. 삼족 두꺼비 얼굴을 방 안으로 향하게 두어 돈이 안(집)으로 들어와 밖으로 나가지 못하도록 합시다.

거울, 그림, 사진 등

밝고 깨끗하게 정돈해두는 것과 넓이를 맞춘 크기가 가장 중요합니다

거울의 크기와 형태, 어디에 두는지에 따라 운과 불운도 바뀐다

거울은 풍수의 필수 아이템입니다만 너무 작은 것은 피하고 알맞은 크기의 각이 없는 둥근 것을 둡니다. 문을 바라보고 우측은 우백호라 하여 사고를 일으키거나 좋지 않은 소문의 원인을 만들지도 모릅니다. 거울은 문을 바라보고 좌측에 두어 운기의 기를 거울의 빛으로 집 깊숙이까지 닿게 하면 재물운이 향상됩니다.

- **좌측이 포인트**
  풍수에서 좌측은 좌청룡이라 하여 행운의 장소라고 합니다.

거울은 넓이와 균형이 맞고 산뜻한 것으로 고른다

현관에 어울리지 않는 호화스런 액자에 그림을 거는 것은 주인의 품격과 교양, 지성이 드러나기 때문에 좋지 않습니다.

밝은 풍경화와 꽃, 싱싱한 과일 그림 등 마음이 온화해질 수 있는 것으로 고릅니다.

현관으로 들어오는 기를 건강하게 하는 도구이므로 밝고 활력 있고 산뜻한 것도 좋습니다. 또, 손님에게 부담이 없는 것으로 골라야 합니다.

현관에 전신 거울이 있어요?

지나치게 큰 거울과 현관 정면에 있는 전신거울은 금물!

거울은 먼저 들어오는 운기를 반사시켜 다시 내보내 손님이 현관문을 열었을 때 거울 때문에 기가 꺾일 수 있습니다.

모처럼 온 손님을 기분 좋게 접대하여 보다 좋은 관계를 맺을 수 있기에 중요합니다.

여행지에서 구입한 기념엽서와 작은 그림을 현관에 두어도 됩니까?

추억의 그림과 기념엽서는 어수선하지 않은 귀여운 스탠드 액자에 넣어 현관 정면은 피하고 될 수 있는 한 문을 바라보고 좌측 신발장 위에 두거나 깔끔한 액자에 넣어 벽에 걸어 둡니다. 액자를 걸 때는 균형 있게 나란히 걸거나 마주보도록 걸어 둡니다. 아무쪼록 액자를 너무 제각각으로 걸지 않는 것이 요령입니다.

아이가 학교에서 그려 온 그림. 미숙하고 잘 그리지 못했지만 현관에 걸어 두어도 됩니까?

매우 좋지요. 아이가 있는 가정의 밝음과 온화함, 애정까지 나와 방문한 사람의 마음을 즐겁게 하고 기를 얻을 수 있습니다. 잘 그리든 못 그리든 그것이 문제가 아니라 그림에 기력이 담겨 있어 운기가 발전할 수 있는지가 문제입니다. 아이의 그림에는 힘이 숨겨져 있습니다.

사진은 크기와 색채의 균형, 테마로 고른다

가령 흑백사진으로 약간 어둡더라도 고대 불상, 도예 등이 있는 것만으로도 위엄과 기품이 느껴지는 것이라면 크기에 따라 다르지만 현관에 격을 더해 멋있어집니다. 일반적으로 밝은 풍경(특히 바다 등의 산뜻한 것)과 아이들이 즐거워하는 소리가 들려오는 듯한 사진, 싱싱하게 생명력이 넘친 꽃 등 예쁜 것으로 합니다.

붉게 물든 산 풍경 사진이 운수가 좋다고 하는데 무슨 기준으로 그림이나 사진을 고르면 좋습니까?

대개 빨간색은 풍어기와 같이 건강하고 축하할 때 사용하는 색입니다. 그 외에 '흰색', '노란색', '금색' 등 기를 향상시켜주는 색채가 좋습니다. 분홍색이나 깨끗한 녹색, 밝은 아이보리색 등 화사하고 산뜻한 색도 활력을 증폭시킵니다.

풍수에서는 팔각형 거울이 좋다고 들었는데 그게 아니면 안 됩니까?

꼭 그렇지는 않습니다. 중요한 건 될 수 있는 한 각이 없는 둥근 것과 타원형의 거울이 더욱 효과가 좋다는 것입니다. 거울은 기가 집으로 들어오는 것을 도와주는 즉, 기를 안으로 들여보내는 역할을 해주므로 항상 깨끗하게 두어야 합니다.

현관 매트, 슬리퍼, 구둣주걱 등

매트와 **슬리퍼** 등은 바깥에서 들어오는 나쁜 기를 막아주거나 흡수하여 집을 **지켜줍니다**

현관 매트로 집주인의 격을 알 수 있다

현관 매트는 집 안과 밖을 나누는 경계입니다. 즉, 손님이 구두를 벗고 안으로 들어올 때 처음 밟는 곳이 매트입니다. 그때 매트의 인상이 중요합니다. 밖에서 들어온 운기를 정화시키고 활기를 집 안으로 불러들임으로써 밝고 품격 있게 만들고, 그것으로 주인의 격을 알게 됩니다. 될 수 있는 한 천연소재인 실크와 솜으로 된 것을 삽니다. 또, 밝은 꽃무늬 등 털이 짧은 것을 고릅니다.

슬리퍼는 계절마다 항상 청결하고 깨끗하게 놓아두자

항상 슬리퍼 선반에 정리정돈 해두는 것은 물론 계절마다 두꺼운 것과 얇은 것, 색깔과 소재를 계절에 맞게 나눠둡니다.

슬리퍼는 매트와 똑같이 땀과 함께 좋은 기든 나쁜 기든 바깥의 기를 흡수하기 때문에 슬리퍼가 청결하고 깨끗하다면 흡수되는 기도 청결하고 맑고 깨끗해져 기에 힘이 생깁니다.

밝고 뚜렷한 색깔과 귀여운 꽃무늬 등이 가장 무난합니다.

 손님 슬리퍼도 따로 준비해야 하나요?

 네, 그렇습니다. 보통 가정용과 손님용은 나눠 준비해두고 가족들 슬리퍼도 실제 인원보다 조금 많게 준비해두면 가족 간 커뮤니케이션도 잘 되고, 손님용이라도 만일의 경우 도움이 되어 인간관계도 좋아질 수 있습니다. 인간관계로 사랑과 결혼운이 정해질 뿐만 아니라 사업운과 재물운에도 크게 영향을 주므로 주의해야 합니다.

Q 현관에 벽이 없고 원목 마룻바닥에 턱이 없습니다. 다른 기는 어떻게 되나요?

A 최근 유행하고 있는 벽이 없는 것과 현관이 트인 것은 문제가 있습니다. 트여 있는 것은 좋은 기가 위로 다 빠져나가 버리기 때문에 주의해야 합니다. 벽이 없어 막는 것이 없기 때문에 바깥 먼지와 함께 나쁜 운기가 들어옵니다. 여기에서 매트와 슬리퍼가 큰 작용을 합니다. 밝은색의 매트를 입구에 깔아 두면 일단 먼지를 막아 안으로 들어가지 못하게 하고 준비한 슬리퍼를 신고 있으면 나쁜 기도 흡수해 청결한 생활을 할 수 있습니다. 즉, 악운은 들어올 수 없습니다.

Q 현관이 지저분하면 안 된다고 자주 듣습니다만 슬리퍼를 막 벗어둔 채로 두게 됩니다. 풍수에서는 어떻게 해결합니까?

A 자주 볼 수 있는 광경으로 슬리퍼를 바닥 한 구석에 정리해두거나 신발장에 넣어두어야 됩니다. 깨끗하게 잘 정돈되어 있으면 좋습니다만 대부분의 가정에서는 슬리퍼를 막 벗어둔 채로 둡니다. 신발장에 넣어두면 신발장 특유의 냄새가 슬리퍼에 배거나 먼지가 묻게 됩니다.

이때는 등나무로 만든 수납 바구니나 목제로 된 슬리퍼걸이와 선반에 그때그때 넣어두도록 합니다. 그것은 슬리퍼에 흡수된 땀을 없애기 위해 통풍을 하는 의미도 있고 청결하게 보관할 수 있기 때문에 딱 보기에도 살고 있는 사람의 마음씨와 분위기를 알 수 있어 신뢰성이 생깁니다. 행운도 그런 사람들에게 생깁니다.

구둣주걱은 눈에 띄지 않는 곳에 두자

일반 가정에서 보통 구둣주걱은 어디에 두나요? 지정된 장소도 없고 선반 위에 놓여있거나 한쪽 구석에 사용한 채로 내팽개쳐져 있습니다. 구둣주걱 보관함이 있는 가정은 좀처럼 찾아볼 수 없습니다. 제안을 하나 하겠습니다. 신발은 오래되면 버리고, 계절에 따라 바꾸며, 습기를 없앤 후 보관합니다. 그리고 구둣주걱은 저가 상품점에서 산 플라스틱 제품이 아닌 목제나 대나무로 된 것을 삽니다. 구둣주걱의 온기가 다릅니다. 구둣주걱은 앞으로 밖으로 외출할 사람에게 힘을 북돋아 주는 듯한 기분이 듭니다. 구둣주걱을 상자나 항아리 등 오래된 것에 넣어두어도 좋습니다. 평소의 그런 마음가짐이 그 사람에게 행운을 가져다 줄 것입니다.

아로마, 소취제 등

옛날에 향기를 약으로 사용해왔던 것과 같이 기(氣)를 높여줍니다

좋아하는 향기로 인연을 강하게 한다

허브나 아로마는 이미 의료 효과가 인정되었고 좋아하는 향기라면 더욱 효과가 좋습니다. 현관은 바깥 향기와 집 안의 향기가 섞이기 쉬운 장소입니다. 그런 만큼 좋은 향기는 현관의 기를 높이거나 깨끗하게 해줍니다. 특히 문을 연 순간 잔잔하게 떠다니는 좋은 향기는 사람의 마음을 온화하게 해주고 용기를 북돋아 줍니다.

 비가 계속 내리면 갑자기 이상한 냄새가 납니다. 하루 종일 불쾌해요.

 나쁜 기가 들어올 위험 신호입니다! 얼굴을 찡그리고 있거나 기분이 안 좋으면 행운의 여신이 오기는커녕 악운이 몸과 마음에 달라붙습니다.

숯은 냄새를 제거하는 동시에 장식용으로 사용한다

숯에는 냄새를 제거하는 힘이 있습니다. 숯의 밀도가 높은 무수한 구멍이 냄새를 강력하게 흡수해줍니다. 신발장 안이나 대접에 숯을 꽂꽂이

하듯이 꽂아 장식해보면 어떨까요? 숯은 음이온을 발생시켜 기를 활발하게 하거나 정화시켜 줍니다. 즉, 공기 정화기의 역할도 합니다.

숯을 꽃병이나 그릇에 담아 행운이 쉽게 들어올 수 있도록 환경을 바꿔봅니다.

 현관이 북쪽에 있어서 통풍이 잘 되지 않아 냄새가 좀처럼 빠지지 않아요.

 현관에 바람이 잘 통하면 좋은 향기가 흐르게 되고, 좋은 향기는 이미지를 바꾸는 효과가 있습니다. 사람에게 주는 인상도 싹 바뀌고 향기를 연출하는 것만으로 살고 있는 사람의 마음을 전할 수 있고, 고상한 분위기까지 자아냅니다. 먼저 왕성한 기가 좋아하는 그윽하고 부드러운 고상한 향기가 나게 합니다. 예를 들면, 천연석에 아로마 오일을 떨어뜨리면 손님 코를 간지럽히며 멋진 분위기를 연출할 수 있습니다. 향을 피우는 마음과 같은 기분도 맛볼 수 있고 운기가 나와 행운을 불러들입니다.

아직 더 남은
'현관 개운 인테리어' Q&A

현관을 꾸미거나 장식할 수 있는 소도구를 잘 이용하면 운기도 불러들이고 활성화시켜 운을 향상시켜줍니다.

Q 비치품을 놓으려는데 옛 나무 문양의 중후한 느낌이라서 어떻게 해도 밝고 생기가 넘치는 분위기를 만들 수가 없어요. 이럴 때는 어떻게 하면 좋을까요?

A 신발장과 비치품 선반 등에 노란색이나 분홍색, 녹색 등 레이스가 달린 테이블보로 덮거나 가리면 집 안이 좋은 기로 왕성해지고 활발한 기로 가득 차게 됩니다. 인테리어에서 가장 중요한 것은 그곳에 자신이 살고 있기 때문에 금방 질리기 쉬운 것들로 장식하지 않아야 합니다. 편안하고 피곤도 날려 보낼 수 있는 장소로 만들어야 합니다. 따라서 좋아하는 집, 좋아하는 인테리어로 둘러싸인 생활을 하는 것이 중요합니다. 풍수의 기도 살고 있는 사람의 마음이 환하고 활기차면 힘이 더욱 증가합니다.

Q 벽지가 오래되었거나 지저분하다면?

A 바로 화사한 색의 벽지로 바꿔야 합니다. 베이지, 연분홍색, 흰색 등 기에 활력을 줄 수 있는 젊은 생명력 있는 색깔로 합니다. 갈색이나 짙은 색의 타일 등은 그림이나 일러스트로 보이지 않게 하거나 화사한 무늬와 색깔 있는 발이나 스크린으로 덮습니다.

벽에 큰 꽃병을 놓아 항상 꽃을 가득 꽂아두면 호화로운 듯한 느낌이 들어 살고 있는 사람의 마음도 들떠 행복해집니다. 현관은 행운이 들어오는 통로입니다. 항상 깨끗하고 밝은 통로로 만들어 행운이 쉽게 들어올 수 있도록 합시다.

Q 문 주위의 먼지와 비품에 주의해야 할 점은?

A 현관이 북쪽에 있다면 기본적으로 항상 청소하고 정돈해 두어야 합니다. 어둡고 빛이 닿지 않는 곳이므로 될 수 있는 한 쾌적한 환경을 만듭니다. 예를 들면, 문 손잡이 등에 묻은 손때와 초인종, 문, 문패 등을 항상 닦아 둡니다. 바닥 청소는 물론 시계와 액자 등의 청소와 안 신는 신발은 꺼내 두지 않는 것 등이 기본입니다.

Q 현관 인테리어로 어항과 수조를 두는 것은 금전운에 좋다고 하는데 정말인가요?

A 확실히 현관에 물과 관련된 물건을 두면 강하고 좋은 기를 흡수해 운수도 좋다는 말이 있습니다. 그러나 풍수에서는 좋은 기와 동시에 나쁜 기도 흡수하기 때문에 자신의 운이 어느 쪽을 향해 있는지 판단해야 합니다. 어항이나 물기는 문의 대각선상에 있으면 좋습니다만 역시 좋은 일이 계속 일어나려면 항상 물을 깨끗이 갈아 기를 정화시켜야 합니다. 물이 고여 더러워지면 나쁜 기로 가득 차게 됩니다. 좋지 않은 일이 계속 일어날 때는 치워 버립시다.

Q 문패의 재료와 서체에는 운기가 좋은 것과 안 좋은 것이 있다고 들었습니다만 정말 그렇습니까?

A 인감과 같이 '개운 문패'라는 말을 자주 듣는데 풍수상 말해둘 것은 문패와 문자가 빠져있거나 지저분해진다고 쪽지에 궁상스럽게 겨우 알아볼 수 있을 정도로 이름만 쓰는 것은 좋지 않습니다. 기본적으로는 자연 재료인 흰나무 문패에 먹으로 묵흔이 선명하게 나타나도록 쓰는 것이 가장 좋습니다. 금속판보다 도자기로 된 것이 더 자연소재이기 때문에 좋지만 나무와 달리 도자기는 차가운 느낌이 들어 조금 친근한 기가 다가오기가 사실 어렵습니다. 평범하더라도 나무로 된 문패에 굵은 글씨로 또렷하게 이름을 쓰면 행운이 쉽게 다가올 수 있습니다.

Q 아파트나 빌라에서는 현관이 어둡더라도 마음대로 조명을 바꿀 수 없습니다. 어두운 현관을 어떻게 하는 것이 좋습니까?

A 어두운 현관과 좁고 답답한 현관은 피해야 할 점입니다만 어쩔 수 없는 경우에는 상담을 해서 조명을 밝게 바꾸든지 직접 조명기구를 늘리든지 합니다.

조명기구도 다른 인테리어와 똑같이 각진 것이 아닌 둥근 것으로 하면 운기가 상승합니다. 최근에는 사람을 감지하는 센서가 달린 스탠드도 많이 있으므로 현관을 밝게 만들도록 합니다.

Q 우산꽂이는 흔히 바깥에 두라고 하는데 연립주택이기 때문에 그렇게 할 수가 없어요. 좁은 현관에 둘 수 있는 좋은 방법은 없습니까?

A 기본적으로 현관에는 물에 젖은 우산과 우산꽂이는 두지 않는 것이 원칙입니다. 출입구에 방해가 되지 않는 우측에 둡니다. 문을 열고 닫을 때 우산을 가져가기 쉽기 때문입니다. 단, 아파트 등에서는 공동으로 사용하는 복도에 놓아둘 수 없기 때문에 현관에서 안으로 들어가는 입구에서 먼 문 구석에 우산을 세워둡니다. 이때 우산에 묻은 물방울을 털어내어 아무쪼록 우산꽂이에 물이 고이지 않도록 합니다. 젖어 있으면 행운도 도망가 버립니다.

Q 문 바로 옆에 화장실 문과 세면대가 있습니다

A 손님이 그 사람의 소양을 의심하게 됩니다. 그것은 반가운 이야기도 들을 수 없다는 것으로 사람들은 보고 싶지 않은 것이나 싫은 것이 있으면 다른 곳으로 눈을 돌리기 때문입니다.

차폐물(遮蔽物)로 완전히 숨겨버리면 모처럼 들어온 좋은 기도 집 안으로 들어올 수 없게 됩니다. 그러나 발과 관엽식물이라면 아랫부분과 구석을 통해 기는 흘러갑니다. 어쨌든 벽을 만들지 않는 것이 중요합니다.

Q 물건을 어지럽히지 않는 좋은 방법은 무엇인가요?

A 신발장 위와 장식장 선반에 열쇠와 인감, 영수증 등이 아무렇게나 놓여있는 것을 자주 봅니다. 그런 칠칠치 못한 행동 때문에 눈앞에 있는 행운을 놓치게 되는 것입니다. 행운은 멍하니 있으면 묵묵히 지나가 버립니다.

신발장에 작은 열쇠나 인감을 넣는 상자를 준비해두거나 금속과 도자기로 된 멋진 작은 상자에 넣어두어 항상 꺼낼 수 있도록 합니다. 상자는 인테리어 효과가 있는 금속이 좋습니다.

최강 현관 풍수 퀴즈 `인테리어 소품편`

현관을 깨끗하게 꾸며주는 좋은 소품에는
어떤 것이 있는지 퀴즈로 확인해보자.

 애정운을 상승시키는 도화위(桃花位). 다음 중 이곳에 두면 좋은 것은 무엇인가?
① 꽃을 꽂은 꽃병
② 헤어진 남자친구의 사진
③ 침대

도화위를 깨끗하게 청소하고 꽃으로 장식해두면 분명 멋진 만남이 있을 것입니다. 침대는 도화위가 아닌 재물을 불러들이는 위치에 둘 것.

 정답 ①

 다음 중 꽃을 둘 때 주의해야 할 점은?
① 꽃은 시들기 때문에 조화를 둔다.
② 꽃이 시들면 꽃병도 치운다.
③ 꽃이 시들어도 그대로 둔다.

시든 꽃을 그냥 두어서는 절대 안 됩니다. 꽃이 없다면 꽃병도 치웁니다.

 정답 ③

 다음 중 꽃을 건조시켜 오래 장식할 수 있는 드라이 플라워에 대한 설명으로 옳은 것은?

❶ 드라이 플라워는 시든 꽃이므로 두어서는 안 된다.
❷ 두어도 좋지만 생화보다 효과는 떨어진다.
❸ 생화보다 풍수적 효과가 있다.

풍수에서 드라이 플라워가 좋지 않은 것은 아닙니다. 그러나 생화에 비하면 풍수적 효과가 조금 떨어집니다. 중국풍수에서는 ❶이 정답.

 다음 중 현관에 놓아둘 시계로 특히 추천하는 것은?

❶ 캐릭터 시계
❷ 추시계
❸ 자명종 시계

현관에 금속성이고 추가 달린 시계를 두면 기의 흐름이 활발해져 좋은 기가 들어오게 됩니다.

 다음 중 현관의 밝기에 대한 설명으로 옳지 않은 것은?

❶ 간접조명만으로 조금 어둡게 연출한다.
❷ 전구의 와트 수를 늘려 밝게 한다.
❸ 전구를 바꿀 수 없기 때문에 스탠드를 추가한다.

현관은 전구를 갈아 되도록 밝게 만듭니다. 밝고 청결한 현관에는 행복이 날아옵니다.

 상황에 따라 여러 가지 효과가 있는 천연석 중 애정운을 향상시키는 데 좋은 천연석은?

❶ 검은색이 인상적인 오닉스
❷ 고양이 눈이 별명인 호안석
❸ 분홍색 돌의 대표인 로즈수정

애정운에 효과가 가장 좋은 것은 로즈수정입니다. 오닉스는 이성(理性)을 심어주고, 호안석은 금전운을 향상시킨다고 합니다.

 다음 중 마음을 평온하게 해주는 아로마 향은?

❶ 페퍼민트
❷ 라벤더
❸ 카모마일

라벤더와 카모마일은 치유 효과가 뛰어납니다. 페퍼민트는 오히려 기분을 상쾌하게 해주는 효과가 있습니다.

Q8 다음 중 겉모습도 늠름한 풍수 물건의 모티브인 호랑이는 어디에 두는 것이 좋을까?

❶ 현관에 둔다.
❷ 오른손 방향. 이른바 우백호
❸ 집 뒤쪽에 둔다.

호랑이는 현관에 두면 효과적이다. 우백호(우측)라 불리는 방향에 두는 것도 좋다.

 다음 중 돈을 모으는 것과 관계없는 물건은?
① 힘이 강한 비휴
② 전 세계에서 사랑받고 있는 거북이
③ 수집가가 많은 삼족 두꺼비

거북이는 장수를 상징하는 행운의 아이템입니다. 삼족 두꺼비는 집 안쪽을 향하게 둡니다. 바깥쪽을 향하게 두면 거꾸로 돈이 도망간다고 합니다.

 정답 ②

 다음 중 현관이 흉방위인 경우 나쁜 기운을 털어내기 위해서 해야 할 일은?
① 예쁜 꽃을 둔다.
② 출입구 정면에 거울을 둔다.
③ 현관 매트와 문의 색깔을 자신에게 맞는 색으로 바꾼다.

현관 매트와 문의 색깔을 자신에게 맞는 색깔로 바꾸면 흉상이 약해집니다. 단, 현관 정면에 있는 거울은 절대 금물.

 정답 ①③

 다음 중 현관에 두면 좋은 것은?
① 마음에 쏙 드는 자전거
② 그림과 사진
③ 유모차

그림과 사진을 현관에 두면 행운이 들어옵니다. 하지만 자전거나 유모차 등 움직이는 것을 현관에 두는 것은 금물!

 정답 ②

풍수에서 중요한 집의 3 가지 요소

풍수에서 집의 좋고 나쁨을 판단할 때 이 3가지 장소만 보면 그 집의 길흉을 대충 알 수 있다고 합니다.
그곳은 '현관', '부엌', '침실'입니다.

현관

현관은 기가 들어오는 입구로 풍수에서 가장 중요한 장소입니다. 어둡고 좁고 지저분한 현관으로 좋은 기는 들어오지 않습니다. 항상 밝고 청결하게 유지하여 좋은 기가 집 안으로 많이 들어올 수 있도록 합시다.

부엌

풍수에서 왜 부엌이 중요한 장소인가 하면 음식을 하는 장소이고 그곳에는 반드시 불이 있기 때문입니다. 불은 기를 혼란시키기 쉬운 성질이 있기 때문에 주의해야 합니다.

침실

침실은 잠을 자는 곳이고 재충전하는 중요한 장소입니다. 또, 침실에 있는 시간이 다른 방에 있는 시간에 비해 길기 때문에 중요한 장소라고 합니다. 침실에서 침대를 두는 옳은 위치는 90쪽을 참조하세요.

제 **3** 장

행운을 부르는 현관 청소

현관은 항상 청결하게 유지하는 것이 가장 중요한 포인트입니다.
그럼 풍수에서 추천하는 개운 청소법을 소개합니다.

청소는 풍수의 기본
깨끗한 것이 운기를 향상시킨다

지저분한 현관은 나쁜 기를 부르고 좋은 기를 막는 원인이다

현관은 사람이 들어가는 장소임과 동시에 기가 들어가는 장소이기도 합니다. 현관은 사람의 입과 같습니다. 사람이 몸에 안 좋은 것을 먹으면 몸 전체의 이상이 생기듯 현관이 지저분하면 나쁜 기가 집 전체에 퍼지기 때문에 운기를 낮추는 원인이 됩니다.

또, 집에 들어올 때 가장 먼저 보게 되는 현관이 난잡하고 지저분하면 거주하는 사람이나 방문하는 사람에게도 좋지 않은 인상을 준다는 것에 유의합니다. 아무리 거실을 깨끗이 청소해도 현관이 지저분하면 상대방은 불편하다고 생각합니다. 편안한 느낌을 주는 집으로는 사람들이 자연스레 모입니다. 이것은 인맥을 만드는 데 큰 힘이 됩니다.

운기를 향상시켜 행운을 부르기 위해서는 양호한 인간관계를 쌓고, 기회를 얻기 위해서라도 현관을 꾸준히 청소하여 깨끗하게 유지하는 것이 중요합니다. 이 장에서는 현관에 도움이 되는 청소 방법을 소개합니다. 항상 현관을 청결하게 유지하여 행운을 불러옵니다.

행운을 부르는 청소 포인트

물걸레질로 운기를 모은다

물은 기를 모으는 역할을 하기 때문에 물빨래나 물걸레질을 하는 것은 좋습니다! 물걸레질을 하면 상쾌해지고 좋은 운기를 부릅니다. 또, 풍수에서는 인공적인 것보다 자연소재로 된 것을 좋아합니다. 대걸레와 스펀지 대신에 걸레와 수세미를 사용하고 세제도 시중에서 파는 중성세제 대신에 베이킹 소다와 식초를 사용합니다. 친환경 천연소재는 풍수적으로 매우 좋습니다.

NO

| 대걸레 | 스펀지 | 중성세제 |

OK

| 걸레 | 수세미 | 베이킹 소다 |

운기를 높이는 천연세제를 만들자!

1. 베이킹 소다

베이킹 소다는 천연 광물을 정제한 분말로 청소 외에 요리를 하거나 피부 관리에도 사용되는 좋은 재료입니다.

사용법은 분말 혹은 베이킹 소다물과 베이킹 소다 페이스트로 만들어 사용합니다. 베이킹 소다물은 물 500㎖에 베이킹 소다를 2큰술 넣은 뒤 섞어서 스프레이에 담아 사용합니다. 베이킹 소다 페이스트는 베이킹 소다와 물을 2:1의 비율로 만들어 지저분한 곳에 바릅니다.

2. 식초, 구연산

식초는 더러운 것을 제거하는 것 이외에 냄새 제거, 살균 효과도 있습니다. 슈퍼에서 파는 곡물 식초를 사용해도 좋습니다. 식초의 냄새가 거슬리는 사람은 구연산을 사용합니다.

사용법은 식초물, 구연산물을 만들어 스프레이로 사용합니다. 식초물은 식초와 물을 1:2~3 비율로 만들고, 구연산물은 물 500㎖에 구연산 1큰술 정도를 섞어서 만듭니다.

바닥, 문
개운청소 ❶

모래먼지와 진흙, 손때로 더러워지기 쉬운 바닥과 문은
자주 청소하여 항상 깨끗하게 유지합니다.

 바닥 　바닥에 신발을 아무렇게나
벗어두지 않는다

밖에서 돌아왔을 때 바닥에 신발을 아무렇게나 벗어두지는 않았습니까? 어수선한 현관은 나쁜 기를 불러모으는 원인이 됩니다. 바닥에는 평소에 자주 신는 최소한의 신발만 꺼내놓고 그 밖에는 신발장에 꼭 넣어둡니다. 넣을 자리가 없을 때는 신발 상자에 넣어둡니다.

 바닥 　신문지를 적셔 모래먼지를
쓸어내는 청소

바닥의 모래먼지는 매일 청소합니다. 신문지를 물에 적셔 잘게 찢어 그것을 바닥에 뿌리고 빗자루로 쓸어주세요. 젖은 신문지는 모래먼지를 흡수하기 때문에 쓸어도 먼지가 날리지 않는 매우 좋은 청소 방법입니다.

바닥
일주일에 한 번 바닥을 물청소한다

일주일에 한 번은 바닥을 물청소합니다. 바닥 전체에 베이킹 소다를 뿌려 수세미로 먼지를 문지릅니다. 물을 뿌려 씻어내고, 마른 걸레로 닦아주세요. 물을 뿌릴 수 없는 경우에는 구연산물을 스프레이로 뿌리고 마른 걸레로 닦아주세요.

문
손때가 묻기 쉬운 문손잡이도 깨끗하게 청소한다

문에 묻은 먼지에 베이킹 소다를 뿌립니다. 문 전체에 스프레이를 뿌린 다음 마른 걸레로 닦아냅니다. 문손잡이도 깨끗이 닦습니다. 먼지가 쌓이기 쉬운 문틀은 베이킹 소다 페이스트를 칫솔에 묻혀 문질러 닦고 젖은 걸레로 닦아주세요.

> **개운메모**
>
> ### 향기가 나게 해 운기를 UP!
>
> 냄새가 잘 빠지지 않는 현관은 방향제나 아로마 오일을 사용해 향기가 나게 하면 운기가 상승합니다. 향기는 자기 취향에 맞게 고르는 것도 좋지만 너무 강한 향이 나는 것은 피합니다.

신발장
개운청소 ❷

가족 전원의 신발이 들어있는 신발장에는 냄새와 나쁜 기가 쌓이기 쉽습니다. 항상 정돈해두고 청결하게 유지해야 합니다.

신발장 | 신지 않는 신발은 버릴 것!

신발장에 망가지거나 몇 년 동안 신지 않은 신발이 들어있지는 않습니까? 오래된 것과 사용하지 않는 것은 음기를 불러들입니다. 2년 이상 신지 않는 신발은 필요 없으니 과감하게 버리세요.

신발장 | 잘 떨어지지 않는 먼지는 칫솔로 떼어낸다

신발장 바깥쪽은 베이킹 소다를 뿌려 헝겊으로 닦아내면 깨끗해집니다. 안쪽 먼지는 선반에 베이킹 소다를 뿌리고 칫솔로 문질러 떼어내 주세요. 물걸레로 베이킹 소다와 먼지를 닦아내면 흙도 깨끗이 떨어집니다.

거울 먼지 쌓인 거울은 NO! 항상 깨끗하게!

먼지가 쌓여 더러워진 거울은 운기를 없애는 원인이 되고 현관 전체를 칙칙하게 만듭니다. 항상 깨끗하게 닦습니다. 베이킹 소다물을 거울 전체에 뿌리고 물로 적신 헝겊으로 닦아주세요. 마지막에는 마른 걸레로 닦아 마무리합니다.

구둣주걱 손님도 사용하는 구둣주걱인 만큼 청결하게!

구둣주걱은 가족뿐만 아니라 집에 오는 손님도 사용하기 때문에 항상 깨끗하고 청결하게 유지합니다. 베이킹 소다물을 구둣주걱에 골고루 뿌려 마른 수건으로 닦아내면 됩니다. 반짝반짝 빛나는 구둣주걱을 손님이 기분 좋게 사용할 수 있도록 합니다.

개운메모
신발에 곰팡이가 피지 않게 하는 방법

오랜 만에 신발장에서 신발을 꺼냈더니 곰팡이가 피어있진 않았나요? 곰팡이가 피지 않게 하려면 신발장 아래에 베이킹 소다를 뿌리고 구두를 넣습니다.

현관 밖
개운청소 ❸

집에 손님이 방문할 때 가장 먼저 보게 되는 현관. 특히 현관 주위는 항상 깨끗이 청소해두는 것이 좋습니다.

문패
집의 얼굴과도 같은 문패, 먼지 낀 문패는 악운을 부른다

문패 전체에 베이킹 소다물을 뿌려 청소해주세요. 좁은 홈에 낀 먼지는 베이킹 소다물을 적신 면봉으로 제거합니다. 마지막까지 닦아 마무리합니다. 문패 위에는 먼지가 쌓이기 쉬우므로 이곳도 잊지 말고 청소해주세요.

인터폰
많은 사람이 만지기 때문에 항상 청결하게!

택배 직원 등 매일 많은 사람이 만지는 인터폰은 금세 더러워집니다. 베이킹 소다물로 먼지를 제거하고 홈은 베이킹 소다물을 적신 면봉으로 먼지를 제거하세요. 또, 식초물을 뿌려 마른 걸레로 닦으면 윤이 납니다.

현관입구 | 현관입구와 공동으로 사용하는 복도도 깨끗하게 청소한다

단독주택은 문에서 현관까지의 현관입구, 아파트는 공동으로 사용하는 복도를 청소합니다. 베이킹 소다물을 뿌리고 브러시로 문질러 마지막에는 물로 헹굽니다. 물청소를 할 수 없는 공동으로 사용하는 복도는 차 찌꺼기를 뿌려 쓸어냅니다.

현관매트 | 물로 닦아 먼지 제거!

외부용 현관 매트는 먼지와 쓰레기 등으로 꽤 더럽습니다. 일주일에 한 번은 물로 닦습니다. 베이킹 소다를 매트에 뿌려 수세미로 쓱쓱 닦아 물로 헹구세요. 집 안에 깔려 있는 매트도 똑같은 방법으로 화장실에서 닦습니다.

개운메모

청소는 맑은 날에 하는 것이 길(吉)

청소는 풍수의 기본입니다. 좋은 운기를 부르는 물청소는 맑은 날에 하는 것이 제일입니다. 일주일에 한 번은 물청소로 집 안을 깨끗하게 합시다.

개운청소 ④
수납

청소를 해도 물건이 넘쳐 있는 현관은 금지!
깔끔하게 수납하고 항상 정돈해둡니다.

 우산 사용하지 않는 우산은 버린다

우산꽂이에 우산살이 부러진 우산이나 망가지고 더러워진 우산이 꽂혀있지는 않나요?

사용하지 않는 우산을 그대로 두는 것은 운기를 낮추는 원인이 되므로 버립니다. 우산꽂이에는 가족이 사용하는 우산만 꽂아둡니다.

 **우산꽂이** 원형 우산꽂이는 운기를 향상시켜준다

비에 젖은 우산에서 발생하는 음기를 막기 위해 각진 우산꽂이는 피해야 합니다. 개운을 향상시키는 데는 원형 우산꽂이를 사용하는 것이 효과입니다. 색깔은 갈색으로 하고 소재는 플라스틱제가 아닌 목제 또는 도자기로 된 것을 사용합니다.

슬리퍼 | 겹쳐두지 말고 세워서 수납하자

지저분한 것을 사용하는 것은 운기를 낮추는 원인이 됩니다. 밑창이 더러워진 슬리퍼를 겹쳐두면 위생적으로도, 풍수적으로도 좋지 않습니다. 슬리퍼는 겹쳐두지 말고 슬리퍼걸이에 세워서 수납합니다. 물론 밑창의 먼지를 꾸준히 닦는 것도 잊지 마세요.

골프가방 | 현관에 물건을 두지 말고 깔끔하게 수납하자

골프 가방과 박스 등 현관에 쓸데없는 물건을 두면 좋은 운기가 들어오는 것을 막아버립니다. 개운을 위해서라도 현관은 항상 깨끗하게 해두고 짐은 깔끔하게 수납해 둡시다.

개운메모 — 평소에 신는 구두는 왼쪽, 부츠는 오른쪽에 수납

신발장 안도 깔끔하게 정리해야 합니다. 크기가 제각각이라 수납하기 어려운 경우에는 자주 신는 신발은 신발장 왼쪽, 자리를 차지하는 부츠는 오른쪽에 둡시다.

최강 현관 풍수 퀴즈
현관 청소의 기본편

풍수의 기본은 청소. 친환경 청소 방법을 퀴즈로 확인해보자.

 다음 중 풍수적으로 좋은 청소 도구는?

① 한 번 밀면 깨끗해지는 마법의 청소용 대걸레
② 옛날부터 쭉 사용한 대표적인 청소 도구인 걸레와 수세미
③ 중성세제를 물에 희석해서 사용

풍수에서는 인공적인 것보다 천연소재로 만든 청소 도구를 사용합니다. 물은 기를 모아주는 역할을 하기 때문에 물걸레질을 하면 운기가 향상됩니다.

 정답 ②

 다음 중 친환경 청소를 할 때 사용하는 세제는?

① 딱 달라붙은 먼지도 떼어내는 베이킹 소다
② 세제를 사용하지 않고 힘으로 떼어낸다.
③ 소취, 살균 효과가 있는 식초, 구연산

물걸레 중심으로 하는 청소는 딱 달라붙은 먼지를 좀처럼 떼어낼 수 없습니다. 베이킹 소다와 식초, 구연산 등 천연세제를 사용하면 쉽게 떨어집니다.

 정답 ①③

 다음 중 현관의 신발을 정리하는 좋은 방법은?

❶ 기가 모이므로 전부 바닥에 놓아둔다.

❷ 신발은 바닥에 한 켤레라도 꺼내두면 안 된다.

❸ 자주 신는 최소한의 신발만 남기고 신발장에 넣는다.

바닥에는 되도록 신발을 꺼내두지 않는 것이 길! 단, 자주 신는 신발은 꺼내두어도 괜찮습니다. 전부 꺼내놓아 어수선한 인상을 남기지 않도록 합시다.

 꾸준히 청소해야 하는 바닥. 다음 중 가장 간단한 청소 방법은?

❶ 소금을 뿌리고 나서 쓸어낸다.

❷ 젖은 차 찌꺼기를 뿌리고 나서 쓸어낸다.

❸ 젖은 신문지를 뿌리고 나서 쓸어낸다.

먼지가 날리지 않도록 젖은 신문지나 차 찌꺼기를 뿌리는 것은 옛부터 어른들이 사용하던 지혜이므로 적극 추천합니다.

 바닥 물청소는 일주일에 한 번은 해야 한다. 그러나 물청소를 할 수 없는 경우에는?

❶ 중성세제를 뿌린 걸레로 닦는다.

❷ 물청소는 하지 않는다.

❸ 구연산물을 뿌려 마른 걸레로 닦는다.

풍수적으로는 되도록 천연소재를 사용하는 것이 좋기 때문에 구연산물을 사용해서 먼지를 닦아내는 것을 추천합니다. 먼지가 잘 제거됩니다.

 계절이 지난 신발에 곰팡이가 피어있다면 충격. 다음 중 곰팡이를 방지하는데 좋은 것은?

❶ 베이킹 소다
❷ 커피콩
❸ 아로마 소금

신발장 바닥에 베이킹 소다를 뿌리면 곰팡이 방지에 도움이 됩니다. ❷, ❸은 향기를 좋게 하고 냄새 제거에 효과가 있지만 곰팡이 방지에 도움이 되지는 않습니다.

정답 ❶

항상 반들반들하게 닦아두고 싶은 현관 거울. 다음 중 딱 달라붙은 먼지와 먼지가 쌓여 흐려진 거울의 먼지를 제거하는 좋은 방법은?

❶ 연마제를 발라 쓱쓱 닦는다.
❷ 베이킹 소다를 뿌려 닦는다.
❸ 마지막에 식초물을 뿌려 닦는다.

거울은 베이킹 소다로 닦고, 거울이 뿌옇다면 식초물로 닦는 것이 좋습니다. 연마제는 흠집이 나므로 사용하지 않습니다.

정답 ❷❸

 집의 얼굴이기도 한 문패에 대한 설명으로 옳지 않은 것은?

❶ 비에 젖어도 상관없는 금속판으로 된 것이 좋다.
❷ 목제 등 천연소재를 이용한 것이 좋다.
❸ 청소는 베이킹 소다물을 뿌려 마른 걸레로 닦는 것이 가장 좋다.

풍수적으로 가장 좋은 문패는 천연소재인 목제입니다. 여성 등 방범상 문패를 달아두기 어려운 경우 외에는 될 수 있는 한 문패를 달아둡시다.

정답 ❶

72 3장 _ 행운을 부르는 현관 청소

 우산은 사용하는 것만 두는 게 좋다. 다음 중 버리는 편이 좋은 것은?

❶ 투명비닐 우산

❷ 망가져 사용하기 힘든 브랜드 우산

❸ 아직 쓸 수 있고 우산살이 부러졌지만 마음에 쏙 드는 우산

사용하지 않는 우산은 물론 아직 사용할 수 있더라도 망가진 우산을 버리지 않는 것은 운기를 낮추는 원인이 됩니다. 바로 처분합시다.

정답

 매일 사용하는 슬리퍼. 다음 중 옳지 않은 것은?

❶ 깔끔하게 겹쳐 수납한다.

❷ 겹치지 말고 슬리퍼걸이에 세워 보관한다.

❸ 슬리퍼 밑창의 먼지는 꾸준히 닦아 보관한다.

밑창이 지저분한 슬리퍼를 겹치는 것은 풍수적으로 절대 해서는 안 됩니다. 겹치지 않은 채로 보관하고 밑창의 먼지는 항상 깨끗하게 해둡니다.

정답

 어느새 물건이 쌓여 있는 현관. 다음 중 정리하는 편이 좋은 것은?

❶ 마음에 드는 장식 선반

❷ 골프 가방

❸ 골판지 박스

현관에 두면 안 되는 것은 골프 가방과 약 상자 등 형태가 불규칙한 것과 골판지 박스, 신문 더미 등입니다.

정답

깨끗한 신발이 행운을 부른다

매일 신고 걷는 신발은 굽이 닳거나 지저분해져 어느새 보면 너덜너덜해져 있습니다. 발밑을 자주 확인하여 항상 깨끗하게 유지합니다.

수리
클리닝
신발을 소중하게 오래 사용할 수 있음

↓

운기 UP! 행운을 부름

지저분한 신발은 좋지 않은 인상을 주고 운기를 낮춥니다

자신은 좀처럼 보지 못하는 발밑을 사람들은 자주 봅니다. 신발로 그 사람의 생활환경을 판가름할 수 있습니다. 일류 호텔 직원은 손님을 볼 때 가장 먼저 발밑부터 본다고 할 정도입니다. 닳고 낡은 신발은 청결감이 없고 남에게 좋은 인상을 남길 수가 없습니다. 그러므로 신발을 자주 확인하는 것은 매우 중요합니다. 꾸준히 닦아 청결하게 하고 굽과 밑창이 닳으면 수리를 맡겨 고칩니다. 소중하게 오래 사용하면 운기를 높일 수 있습니다.

집에서도 할 수 있는 신발 청소

가죽신발

구두약으로 신발을 닦기 전에 베이킹 소다 페이스트로 먼지를 털어냅니다. 가죽에 흠집이 나지 않도록 신발에 묻은 먼지를 제거합니다. 천에 베이킹 소다 페이스트를 묻혀 먼지를 털어내고 다른 천으로 베이킹 소다를 닦아냅니다. 그 다음에는 구두약으로 닦아주세요.

운동화

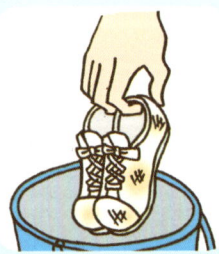

진흙으로 더러워진 운동화는 베이킹 소다물에 담가둡니다. 한 바가지의 물에 베이킹 소다 1/4컵을 넣어 녹인 다음 운동화를 넣어주세요. 하룻밤 두었다가 비누로 닦으면 깨끗해지고 냄새도 잘 빠집니다.

제 **4** 장

액을 떨쳐내어 기의 흐름을 컨트롤하자

풍수는 악운을 떨쳐내어 길운을 부릅니다.
현관에 붙기 쉬운 액에는 어떤 것이 있을까요? 기의 흐름을 알면 액운도
컨트롤할 수 있습니다.

일상에서 간과하기 쉬운 것에 주의!
먼저 현관에서 털어내자

> 당신의 집 현관은 길운을 되돌려 보내고 있지 않는가?

현관은 기가 들어오는 입구이기 때문에 현관이 아름다우면 집 안으로 좋은 기가 들어옵니다. 현관은 기가 잠시 머무는 곳이라 할 정도로 중요한 곳입니다.

그러나 현관은 먼지는 물론 골프 가방과 택배 박스 등 짐이 쌓이기 쉬운 곳입니다. 그 결과 점점 지저분해지기 때문에 그것을 더 이상 방치하는 것은 위험합니다.

특히 그중에서도 내다버리기 전인 쓰레기, 더러워진 현관 매트, 지저분한 신발은 더 주의해야 합니다. 딱 보기에도 지저분하기 때문에 풍수적으로 좋지 않습니다. 평소에 아무렇지 않게 보는 것인데 왜 그렇게 주의해야 할까요?

그것은 쓰레기와 더러워진 현관 매트, 지저분한 신발이 집으로 들어오는 좋은 기와 나쁜 기를 흡수해버리기 때문입니다. 나쁜 기를 흡수한 쓰레기와 현관 매트의 영향으로 방으로 들어오는 좋은 기와 나쁜 기의 균형이 무너지기 때문에 집에 있는 좋은 기가 산만해져 나쁜 기만 흘러들어 오게 됩니다. 그 결과 집 안이 나쁜 기로 충만해집니다.

나쁜 기가 충만하면 금전운, 사업운, 애정운 등 온갖 운기가 점점 내려갑니다. 가난과 실업, 병과 상처, 애인과 이별, 가정불화 등 최악의 상태가 될 수도 있습니다.

현관에 있는 3대 오점의 정체!

지저분한 현관 매트
외부에서 들어온 먼지를 털어낼 수 없는 것은 치명적입니다. 매트는 적어도 한 달에 한 번씩은 닦아줍니다.

지저분한 구두
운동화 등 신발은 금세 더러워집니다. 아이가 있는 경우에는 한 달에 한 번은 세탁합니다.

쓰레기
쓰레기를 내다버리기 하루 전부터 쓰레기를 현관에 내놓는 것은 좋지 않습니다.

현관 주변에 있는 액의 정체를 알면 간단하게 털어낼 수 있다

액운을 피하려면 그때그때 청소하여 현관을 청결하게 유지하는 것이 제일 좋습니다. 당연히 쓰레기와 낡은 신발도 버리고, 매트는 한 달에 한 번씩 닦아줍니다. 또, 청소를 끝내면 숯과 식물로 현관을 장식하는 것도 추천합니다. 이것들은 나쁜 기를 흡수시킵니다.

다음 페이지에서는 현관에 두면 좋지 않은 풍수적 사례집을 게재했습니다. 이곳에 쓰여있는 사례는 대액(大厄), 중액(中厄), 소액(小厄)으로 나뉘어져 있습니다. 대액으로 분류되어 있는 것은 바로 대처해야 합니다. 물론 중액으로 분류되어 있는 것에도 주의해야 하고 소액이라 하여 방심해서는 안 됩니다. 제대로 청소하고 대처하여 액을 털어내면 운기는 상승합니다. 액을 털어내어 나쁜 기를 온화하게 해서 가정에는 좋은 운기만 들어오게 합시다.

식물과 숯 이 2 가지 아이템이 현관을 구한다!

현관에는 관엽식물 두기

예쁜 관엽식물을 놓아둔다면 현관 카운터, 신발장 위 등에 두는 것을 추천합니다. 현관문을 바라보고 좌측에 관엽식물이 있는 것이 가장 좋습니다. 관엽식물이 이산화탄소와 함께 나쁜 기까지 흡수하여 좋은 기만 흐르게 합니다.

관엽식물

숯

숯을 사용해 나쁜 기 흡수!

식물 이외에는 숯을 두는 것이 좋습니다. 숯은 접시에 두거나 바구니에 넣어두어 장식하면 아름답고 나쁜 기를 흡수하는 역할을 합니다. 그렇게 하면 집 안이 좋은 기로 가득 차게 됩니다.

현관의 액과 액막이 방법

 현관에 골프 가방이 있다

 바로 정리합니다. 정리할 수 없다면 수납장에 넣어둡니다.

골프채나 골프 가방과 같이 가늘고 긴 봉과 일그러진 형태의 것을 현관에 두는 것은 나쁜 기를 부르는 것과 같습니다. 그 결과 집에 있는 사람들이 편안하게 지내지 못하고 집 안이 정신적으로 안정되지 않습니다. 이럴 때는 현관에 타원형과 공, 정사각형 등 정돈된 형상의 오브제(objet)를 두면 안정됩니다. 평소에 사용하는 것을 놓아두는 것은 금물입니다.

현관에 골프 가방을 놓아두면 난잡해지기 쉽습니다. 바로 정리합시다.

 옷걸이에 가방과 코트가 잔뜩 걸렸다

 옷걸이는 방에 두고 나머지는 치웁니다.

옷걸이는 원래 방에 두고 손님이 왔을 때나 젖은 코트를 말릴 때 사용합니다. 현관 앞에 두어서는 안 됩니다. 게다가 옷 등이 잔뜩 걸려있는 등 난잡함이 더해지면 나쁜 기를 부르고 정신적으로도 안정되지 못합니다. 또, 옷걸이의 뾰족한 부분은 아이에게 좋지 않은 영향을 미치므로 치우세요.

옷걸이의 뾰족한 부분은 아이에게 안 좋은 영향을 미치기 때문에 주의합니다.

현관 매트를 전혀 깔지 않았다

현관 매트를 바로 준비해서 깔아두는 것이 가장 좋습니다.

혼자 살다 보면 귀찮아서 현관 매트를 깔지 않는 사람이 꽤 많은데, 이 점을 주의해야 합니다. 외부에서 들어온 나쁜 기를 현관 매트가 떨쳐내는 역할을 하는데 이것이 없으면 나쁜 기가 발에 달라붙은 채로 집 안으로 들어오게 됩니다. 건강에도 좋지 않으므로 반드시 현관 매트를 깔아둡시다.

현관 매트는 한 달에 한번 세탁하는 것은 물론 오래된 것은 바로 다른 매트로 바꿉시다.

현관 앞에 창문이 있다

방 앞에 발을 달아 기의 흐름을 막습니다.

현관 바로 앞에 창문이 있는 방 배치는 대액입니다. 이것은 재물이 빠져나가는 집이라 불리는 방 배치로 들어온 기가 순환하지 못하고 점점 새어나가는 상입니다. 재물운이 점점 새어나가는 방 배치이지만 원룸에서는 자주 볼 수 있습니다. 방 앞에 발이나 커텐을 달아 기가 새어나가는 것을 막읍시다.

창문으로 운기가 점점 새어나갑니다. 즉시 발이나 커텐을 다는 등 대처합시다.

  ### 현관 바닥에 먼지가 쌓여 있다

즉시 바닥을 물걸레질해서 깨끗하게 청소합니다!

현관 바닥은 외부 먼지가 잘 떨어지는 곳입니다. 평상시에 별 생각 없이 있으면 어느새 더러워져 있습니다. 특히, 먼지가 쌓여 있으면 먼지가 음기를 흡수하고 건강운을 낮추기 때문에 몸에 악영향을 미칩니다. 현관 바닥은 물걸레질 하면 운기가 향상되기 때문에 한 달에 한 번은 꼭 청소합시다.

음기를 흡수한 먼지에 주의합시다! 바로 청소해서 음기를 흡수하는 것을 막습니다.

 ### 현관 조명이 어둡다

바로 전구를 갈아 밝은 현관으로 바꿉니다!

현관이 어두운 집은 집 안까지 어두운 인상을 줄 수 있습니다. 풍수도 똑같이 현관이 어두우면 음기가 흘러들어 오기 쉬워집니다. 음기는 특히 인간관계에 영향을 주고 안 좋게는 가족과의 불화까지 일으킵니다. 조명을 바꿔 현관이 밝아지면 인간관계도 밝아질 것입니다.

현관이 어두우면 집 안까지 어두워집니다. 조명을 바꿔 밝은 집안을 만듭시다.

  ## 우산꽂이에 망가진 우산을 꽂아둔다

망가진 우산은 바로 버리고 새 우산을 삽니다.

우산이 망가졌더라도 그냥 조금 뒤틀린 것이라면 그대로 계속 사용하는 것이 보통이지만 풍수적으로는 좋지 않습니다. 아주 조금이라도 계속 사용하면 작은 악운을 계속 불러일으킵니다. 비싼 우산이면 더 버리기 어렵겠지만 자신에게 맞는 것을 사용하는 센스도 필요합니다.

망가진 우산은 바로 버립시다. 빨리 버리면 악운을 떨쳐버릴 수 있습니다.

  ## 현관 문 정면에 거울이 있다

거울을 천으로 덮어 숨깁니다.

현관 정면에 거울이 있는 것은 좋지 않습니다. 흘러들어 오는 좋은 기를 모두 반사시켜 되돌려 보내기 때문에 기를 얻을 수 없습니다. 그 결과 건강을 해치는 것을 시작으로 여러 가지 악운을 불러들입니다. 바로 거울을 다른 곳으로 옮기든지 천으로 거울을 덮어 기가 반사되는 것을 막습니다.

흘러들어 오는 나쁜 기를 반사시켜서는 안 됩니다. 바로 거울을 다른 곳으로 옮기든지 천으로 덮어둡니다.

 ### 신발장에 신발이 가득 차 있다

바로 정돈하고 신지 않는 구두는 버립니다.

신발장이 난잡한 것은 정신 상태가 흐트러진 것과 같습니다. 그 결과 정신적으로 안정되지 않아 계속 짜증이 납니다. 그런 때는 신발장을 정리하는 것만으로도 마음이 안정될 수 있기 때문에 바로 청소하고 정리정돈 합니다. 신지 않는 신발은 버립니다. 난잡한 것은 풍수적으로도 좋지 않으므로 주의해야 합니다.

신발장에 신발을 막 넣어두고 정리하지 않으면 몸과 마음이 편안하지 않습니다.

  ### 문패에 먼지가 쌓여 있다

바로 먼지떨이개로 청소하지 않으면 재물운이 없어집니다!

문패는 가족의 얼굴, 이른바 상징이라고도 할 수 있습니다. 얼굴과 상징이 지저분한데 돈이 들어올 리 없습니다. 바로 먼지떨이개로 먼지를 털어냅니다. 문패가 오래되었거나 없다면 바꾸는 것도 좋습니다. 만약 바꾸려면 목제로 된 문패로 바꿔 재물운을 향상시킵시다.

문패가 지저분하면 집에 재물운이 들어오지 않습니다. 그 때그 때 청소합니다.

 **현관에 인형이 산더미처럼 쌓여 있다**

현관에 인형은 하나만 둡니다.

분명히 인형은 정신적으로 안정되는 효과가 있지만 너무 많은 것도 문제입니다. 수가 많으면 난잡해지고 날이 지날수록 더러워져 음기를 흡수합니다. 이러면 집 안에 나쁜 기가 흐르기 시작하기 때문에 인형은 두더라도 하나만 두는 것이 무난합니다. 나머지는 모두 치웁니다.

인형은 귀엽기 때문에 마음을 안정시키는 효과가 있으나, 만약 둔다면 하나만 놓아두도록 합니다.

 **현관 정면에 화장실이 있는 방 구조다**

바로 화장실 앞에 발을 달아 기의 흐름을 바꿉니다.

현관 바로 정면에 화장실 문이 있는 집은 주의해야 합니다! 아주 재수가 없는 나쁜 방 배치입니다. 양기가 점점 화장실로 흡수되어 새어나갑니다. 또, 건강운을 시작으로 여러 운기가 새어나가 좋지 않은 일만 일어납니다. 화장실 앞에 발을 달아둡시다.

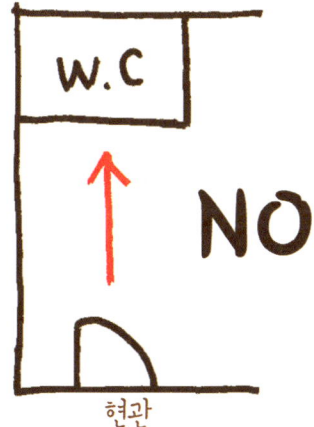

화장실로 운기를 새어나가게 하는 것은 매우 좋지 않습니다. 바로 발을 달아 운기의 흐름을 바꿉시다.

기의 성질을 알면
복도, 부엌, 침실의 운기를 UP!

**길게 쭉 뻗은 기와 위로 올라가는 기는
살기(殺氣)를 부릅니다**

현관으로 들어온 기는 될 수 있는 한 좋게 집 구석구석까지 닿게 해야 합니다. 특히 복도와 계단, 부엌과 식당, 침실은 풍수의 힘을 빌려 마음이 편해지는 장소로 만듭니다.

그렇게 하려면 기의 성질을 제대로 알아야 합니다. 풍수상으로는 길게 쭉 뻗은 기와 위로 올라가는 기는 좋지 않습니다. 만약 그런 기를 부르는 방 배치라면 기가 지나가는 통로에 발을 달아두거나 식물을 두는 등 기의 흐름을 바꿔줍니다.

살기를 억제하는 기 컨트롤 기술

컨트롤 기술 1

차단할 것이 없어 기가 바로 통하는 경우
훤히 트이고 긴 복도는 직접적으로 기가 빠져나가기 때문에 좋지 않습니다. 중간에 화분이나 발 등을 달면 기가 방향을 바꿔 평온해집니다.

컨트롤 기술 2

길고 직접적인 계단이 있어 기가 급상승하는 경우
훤히 트이고 길고 경사가 급한 계단이 있는 집은 기가 급상승하기 때문에 흉입니다. 이 같이 되어 있다면 발을 달거나 해서 기를 차단합니다.

컨트롤 기술 3

벽면에 옷과 소품을 걸어 두는 경우
벽에 옷과 소품을 걸어 두고 있지는 않습니까? 들쭉날쭉하면 사람의 의식도 따라 움직이게 됩니다. 그러므로 옷과 소품은 문이 있는 벽장 등 보이지 않는 곳에 넣어 둡니다.

컨트롤 기술 4

문과 문이 마주보고 있는 경우
방 문 앞에 화장실 문이 있거나 문과 문이 마주보고 있으면 기가 불안정해지고 흐트러집니다. 역시 발을 달아 흐트러진 기를 바로잡습니다.

기를 향상시키기 위해

외워야 할 포인트

풍수에서 기의 흐름을 바꿀 수 있는 가구의 배치는 매우 중요합니다. 기를 강화시키는 장소를 알아내어 방의 운기를 더욱 향상시킵니다.

문창위(文昌位)

사무용 책상과 학습용 책상을 이 위치에 두면 상상력과 학습의욕이 강해진다고 합니다. 현관을 바라보고 있는 방향에 따라 위치가 정해집니다.

현관을 바라보고 있는 방향	문창위
북	남
북동	서
동	남서
남동	동
남	북동
남서	북
서	북서
북서	남동

재위(財位)

재위는 기가 모이는 중요한 장소로 재물운이 좋아지는 곳입니다. 방 출입구에서 대각선상에 있는 장소로 출입구의 위치에 따라 장소가 바뀝니다(아래 그림 참조).
재위 방위에는 물을 놓아서는 안 됩니다.

문이 한쪽에 있는 경우

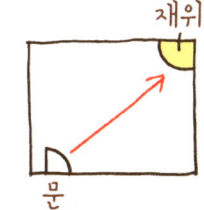

문이 중앙에 있는 경우

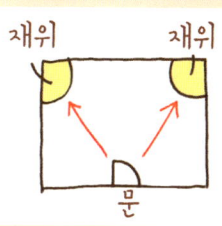

도화위(桃花位)

도화위는 애정운을 향상시켜주는 방위입니다. 이 방위를 깨끗이 청소하고 꽃을 꽂아두면 사랑을 할 기회가 생긴다고 합니다. 출생연도의 간지에 따라 방위가 바뀝니다(42쪽 참조).

간지에 따른 도화위의 방위

동	범띠, 말띠, 개띠인 사람
남	소띠, 뱀띠, 닭띠인 사람
서	쥐띠, 용띠, 원숭이띠인 사람
북	토끼띠, 양띠, 돼지띠인 사람

방 출입구 대각선상에 각이 없는 경우

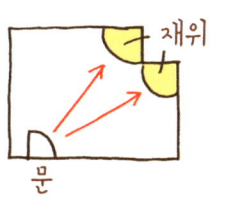

복도, 계단의 운기를 UP!

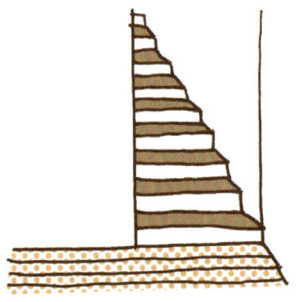

현관을 통해 집 안으로 들어온 기는 복도와 계단을 통해 각 방으로 들어갑니다.

현관에서 복도가 바로 쭉 뻗어있는 건물은 기의 변화 없이 한번에 빠져나가기 때문에 흉(살기)이라 합니다. 현관 직선상에 위치한 계단은 위로 올라가는 성질이 있는 기가 모이기 때문에 좋지 않습니다.

이 같은 직선상에 있는 기를 막기 위해서는 복도와 계단 중간에 발을 달거나 식물을 옆에 두어 기의 흐름을 바꾸는 것이 좋습니다.

운기를 UP시키는 체크 포인트

☐ **복도와 계단에 여러 물건을 두지 않는다**
좋은 기가 통하게 하려면 복도와 계단에 물건을 두지 않는 것이 원칙입니다. 종이 상자나 오래된 책 등은 깔끔하게 치워둡니다.

☐ **긴 복도에는 발을 달자**
긴 직선은 살기가 빠져나가기 때문에 흉을 부릅니다. 중간에 발을 달아 기의 흐름을 꺾어 살기를 완화시킵니다. 식물을 두는 것도 좋습니다.

☐ **벽에 옷과 소품을 걸어 두지 말자**
코트와 가방을 복도에 걸어 두는 사람이 많은데, 벽에 물건이 어수선하게 걸려있는 것은 좋지 않습니다. 벽장 등 문이 있는 수납 가구에 넣어둡니다.

☐ **현관에서 바로 보이는 계단에는 발을 달자**
현관에서 기가 바로 불어들어 오는 계단은 2층으로 모든 살기를 가져가 버립니다. 발을 달아 살기가 급상승하는 것을 막습니다.

☐ **직선적이고 경사가 급한 계단을 피하자**
기를 우회시키기 때문에 계단은 나선형과 층계참이 있는 타입이 가장 좋습니다. 그러나 바로 위층으로 연결되는 계단이라면 역시 발을 다는 등 대처하여 살기를 막습니다.

풍수사의 복도, 계단에 관한 풍수 고민 상담실

A씨의 경우

경영하는 회사의 실적 부진으로 스트레스가 쌓여요

현관 앞에 계단이 바로 있고 복도에 코트와 오래된 책이 산더미처럼 쌓여 있습니다.

이점을 개선

이 집은 현관에서 창문까지 복도로 이어져 있는 재물이 빠져나가는 집이기 때문에 돈이 새어나가기만 합니다. 복도 중간에 발을 달아 직선상에 있는 기를 완화시킵니다. 복도에 물건을 두지 않도록 합니다.

개선결과

복도에 발을 달고 놓아둔 물건을 정리했습니다. 기분이 상쾌해진 탓인지 판단 실수가 줄어들고 실적 부진도 개선했습니다.

B씨의 경우

2층에 있는 아들이 등교 거부를 해요

현관 정면에 있는 계단을 오르면 바로 아들의 방이에요. 그 아들이 지금 등교 거부를 하고 있어요.

이점을 개선

현관 문 앞에 직선으로 계단이 있으면 현관에서 들어온 살기가 모두 2층으로 올라가 버리기 때문에 계단 중간에 발을 달아 살기가 2층으로 올라가지 않도록 합시다.

개선결과

계단에 발을 달자 아들의 기분이 무척 좋아졌습니다. 그 후 방을 1층으로 옮겼더니 조금씩 학교에 가게 되었습니다.

부엌, 식당의 운기를 UP!

풍수에서 식(食)은 매우 중요한 의미가 있습니다. 그러므로 부엌과 식당을 풍수에 맞추어 배치하는 것은 매우 중요합니다.

불과 물을 사용하고 음식물 쓰레기가 나오는 부엌은 집에 있는 기의 균형을 무너뜨리기 쉬운 곳입니다. 밝고 청결하게 유지합시다. 불을 사용하는 가스레인지는 바깥과 복도, 다른 방에서 잘 보이지 않는 곳에 설치합니다.

운기를 UP 시키는 체크 포인트

☐ **가스레인지 앞에 창문이 있다**
불을 취급하는 가스레인지는 되도록 집 밖에서 보이지 않도록 합니다. 가스레인지 앞에 창문이 있다면 블라인드를 쳐 밖에서 보이지 않도록 합니다.

☐ **가스대에 섰을 때 뒤에 출입구가 있다**
출입구 정면, 현관과 복도에서 완전히 보이는 장소에는 가스레인지를 두지 않도록 합니다. 작업 중에 조리사가 등 뒤로 기를 직접 받기 때문입니다.

☐ **가스레인지 정면에 식탁이 있다**
불을 사용해 기가 흐트러지기 쉬운 가스레인지를 식탁 정면에 두지 않도록 합니다. 될 수 있는 한 식사는 다른 장소에서 합니다.

☐ **시스템 부엌의 전자레인지 주변에는 칸막이를 둡니다**
개방적인 시스템 부엌도 같습니다. 가스레인지와 전자레인지 주변만은 앞에 칸막이를 두어 작업 중에 등 뒤에서도 될 수 있는 한 보이지 않도록 합니다.

☐ **부엌 출입구가 다른 방문과 마주보고 있다**
기가 흐트러지기 쉬운 장소인 만큼 다른 방의 출입구와 부엌 출입구가 마주보고 있지 않게 합니다. 만약 마주보고 있는 경우에는 블라인드를 답니다.

풍수사의 부엌, 식당에 관한 풍수 고민 상담실

C씨의 경우

몸 상태가 좋지 않고 불면증이 있어요

통풍이 잘 되도록 가스레인지 앞에는 창문이 있고 마주보는 장소에는 문이 있어요.

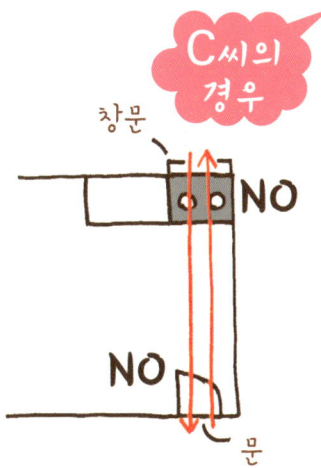

이점을 개선

가스레인지 등의 불은 밖에서 보이지 않도록 해야 합니다. 창문과 문 쪽에 두는 것은 좋지 않습니다. 가스레인지 앞 창문에는 블라인드를 치고 등쪽 출입구에는 발을 답니다.

개선결과

블라인드와 발을 달았습니다. 안정감있게 작업할 수 있어 몸도 좋아진 것 같습니다. 또, 잠도 조금씩 잘 수 있게 되었습니다.

D씨의 경우

시스템 부엌으로 바꾼 뒤로 부부관계가 악화되었어요

예전부터 간절히 바라던 시스템 부엌으로 바꾼 뒤 부부싸움이 늘고 식사하는 것도 전혀 즐겁지 않게 되었어요.

이점을 개선

시스템 부엌은 개방적이지만 풍수적으로는 숨겨야 할 장소가 있습니다. 가스레인지 등 불 주변 앞에는 칸막이를 달아 조리할 때의 뒷모습이 보이지 않도록 합니다.

개선결과

내키지 않지만 부엌에 칸막이를 달아봤습니다. 왠지 기분이 안정되고 짜증도 줄었습니다.

침실의 운기를 UP!

침실과 침대가 있는 방은 가장 긴 시간을 보내는 장소입니다. 숙면을 취하기 위해서라도 편안해야 합니다. 소음과 불쾌감, 음기를 피하는 것은 물론 불안정한 기의 영향을 가장 받기 쉬운 장소이므로 방 배치와 가구 배치에 특히 주의해야 합니다.

숙면을 취하지 못하거나 금방 피로해지는 경우에는 침대의 위치와 거울의 유무를 한번 검토해봅니다.

운기를 UP시키는 체크 포인트

☐ **문이 다른 출입구와 마주보고 있는 경우에는 발을 달자**
불안정한 기를 받기 쉬운 침실은 특히 이런 방 배치를 피해야 합니다. 문 앞에 발을 달아 기를 안정시키세요. 현관, 화장실, 계단과 마주보고 있는 경우도 마찬가지입니다.

☐ **문 정면에 침대를 두지 말자**
침실 문과 창문에서 들어오는 기를 직접 받는 장소에 침대를 두어서는 안 됩니다. 어쩔 수 없는 경우에는 발과 칸막이, 커튼 등을 답니다.

☐ **침대는 문의 대각선상에 두자**
침대 배치에도 가장 좋은 것은 재위(85쪽 참조)에 머리가 오도록 두는 것입니다. 머리를 들면 문이 보이는 위치라는 것을 잊지 마세요.

☐ **거울은 두지 말든가 천으로 덮어두자**
거울은 기를 활성화시키기 때문에 침실에 두는 것은 좋지 않습니다. 특히 머리와 발밑을 비추는 위치에는 두지 맙시다. 거울을 사용하지 않을 때는 반드시 천으로 덮어둡니다.

☐ **침대 위 천장에 들보가 있다**
침실 천장에 들보가 있다면 그 아래에는 침대를 두지 않도록 합니다. 흐트러진 기를 직접 받을 수 있기 때문입니다. 벽과 들보 앞에는 관엽식물을 둡니다.

☐ **조명이 너무 밝지 않도록 하자**
기분을 안정시키기 위해서 조명은 밝은 것보다 조금 어둡다고 느낄 정도가 가장 좋습니다. 호텔과 여관에서 자주 볼 수 있는 간접조명은 침실 조명으로 가장 좋은 본보기입니다.

침실에 관한 풍수 고민 상담실

E씨의 경우

좀처럼 잠이 들지 못하고 부부가 싸우기만 합니다

다이어트 중이라 전신을 체크할 수 있도록 침실에 큰 거울을 두었는데, 남편과 싸움이 잦아요.

이점을 개선

자고 있는 모습이 보이는 장소에 거울을 두는 것은 옳지 않습니다. 사용하지 않을 때는 거울을 천 등으로 덮어 보이지 않도록 합니다. 문 가까이에 침대 머리가 있는 것도 최악의 배치입니다. 조명도 너무 밝아 쉽게 잠들지 못하는 것입니다.

개선결과

침대의 위치를 바꾸고 거울을 천으로 덮어 두었더니 푹 잘 수 있게 되었습니다. 정신적으로 안정되어서인지 부부싸움도 줄고 정상 체중 달성도 바로 코 앞입니다.

F씨의 경우

자기 전 불안해집니다

바라던 좋은 직장으로 옮겨 희망에 가득 차 있지만 자기 전 매우 불안합니다. 또, 잠을 자고 일어나도 개운하지 않습니다.

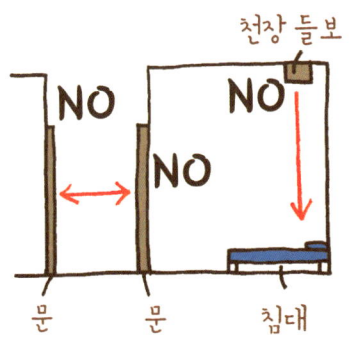

이점을 개선

침실 문이 다른 출입구와 마주보고 있으면 기가 불안정해지고 정신적으로 혼란을 가져옵니다. 문 앞에 발을 달거나 해서 운기를 안정시킵니다. 또, 천장 들보 아래에 침대를 두는 것도 좋지 않습니다.

개선결과

문 앞에 발을 달고 침대의 위치를 조금 옮겼습니다. 조금 지나니 매사를 긍정적으로 생각하게 되고 푹 잘 수 있어 심신도 건강해졌습니다. 새로운 직장에서 열심히 일할 수 있을 것 같습니다.

 ## 잘못된 방 배치를 생기있게 만드는
풍수 테크닉

돈이 모이지 않는 것은 방 배치 때문?

재물이 모이지 않는 주택

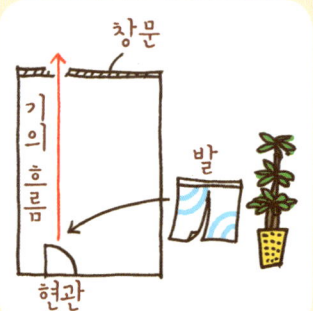

재물이 모이지 않는 주택이란 현관에서 창문까지 중간에 아무것도 없고 일직선으로 되어 있는 방 배치를 가리킵니다. 현관으로 들어온 기가 살기가 되어 빠져나가기 때문에 특히 재물운이 새어나가는 방 배치입니다.
방 배치가 이렇게 되어 있는 경우에는 중간에 발을 달거나 관엽식물을 둡시다.

관엽식물과 발로 기의 흐름 바꾸기

구체적인 예로 보는 좋고 나쁜 가구 배치

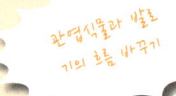

거실의 경우

이 점이 포인트
소파는 편히 쉴 수 있는 장소에 두자

거실은 편히 쉴 수 있는 공간이어야 합니다. 특히 편히 쉬기 위한 소파는 앉았을 때 등이 출입구를 향하지 않도록 하고 천장의 들보와 조명기구 바로 아래에는 두지 마세요.

거실의 경우

이 점이 포인트
테이블은 둥글고 목제로 된 것을 두자

풍수상으로는 공간의 균형을 맞추는 것이 가장 중요합니다. 가구 배치를 안정되게 하고, 테이블은 각이 있는 것보다 둥근 원형이나 타원형을 선택하며 숯바구니 등 평온한 기를 만드는 소품을 고릅니다.

인테리어 코디네이터와 풍수

공간의 균형을 중시한 풍수

풍수에 맞추어 방을 만든다고 하면 젊은 사람들이 '풍수 아이템은 고리타분해서 놓기 싫어! 제약조건이 많아서 짜증나! 방을 멋지게 꾸밀 수 없어서 싫어!' 라고 외치는 소리가 들려오는 듯합니다. 그러나 본래 풍수란 환경을 다듬고 심신의 균형을 보다 좋은 상태로 유지하기 위한 것입니다. 오랜 경험의 산물로 미신이라고 할 수 없습니다.

풍수에 맞춘 배치와 색깔

풍수에 맞춘 인테리어 배치의 원칙은 가구를 방의 벽면과 평행하게 두는 것입니다. 평행하게 두지 않으면 불안정한 기가 흐르게 됩니다. 예를 들면, 삼각형 테이블은 기의 균형을 흐트러지게 하기 때문에 되도록 피합니다.
또, 풍수에서는 색깔도 아주 중요합니다. 풍수에서 색깔은 공간을 둘러싼다는 의미가 있기 때문에 마음이 편해지고 안정되는 균형있는 좋은 배색으로 골라야 합니다.

맑게 갠 날에는 가구 배치를 바꿔보자!

풍수에서 방은 살아있습니다. 방도 가구도 각각 기의 에너지를 발산하고 있습니다.
일이 계속 잘 풀리지 않거나 기분이 풀리지 않거나 하면 날씨가 좋은 날을 골라 가구 배치를 바꿔보세요.
할 수 있는 선에서 풍수에 맞춰 배치를 바꿔보는 것만으로도 매일 밝고 빛나게 시작할 수 있을 것입니다.

최강 현관 풍수 퀴즈 — 각 방의 운기편

현관에서 각 방으로 좋은 기를 옮기는 방법을 퀴즈로 확인해보자.

 현관과 계단의 위치는 풍수에서 매우 중요하다. 다음 중 피해야 할 배치는?

❶ 현관에서 계단 입구가 보인다.
❷ 현관과 계단 입구가 바로 마주보고 있다.
❸ 현관 바로 앞에 계단이 있다.

현관으로 들어온 기가 바로 계단을 올라가지 않도록 현관과 계단이 마주보는 배치는 피합니다. 만약 이렇게 되어 있다면 발을 달아둡니다.

 정답 ❷

 각 방으로 기를 옮기는 복도. 다음 중 조심해야 할 점은?

❶ 미끄러져 기를 옮길 수 없도록 광이 나게 닦지 않는다.
❷ 안정되도록 조금 어둡게 해둔다.
❸ 코트와 소품을 벽에 걸어 두지 않는다.

들쭉날쭉한 것에 따라 사람의 의식도 움직입니다. 좋은 기를 옮기기 위해서 복도에는 아무것도 걸어 두지 않는 편이 좋습니다.

 정답 ❸

Q3 다음 중 가스레인지 앞에 창문이 있는 경우 어떻게 하는 것이 가장 좋을까?

❶ 밖에서 보이지 않도록 블라인드를 친다.
❷ 광이 나게 닦아서 밖에서 보이도록 둔다.
❸ 주변에 꽃을 꽂아둔다.

가스레인지는 불을 사용하기 때문에 기가 불안정합니다. 그러므로 밖과 복도, 다른 방에서 보이지 않도록 블라인드와 커튼, 발을 달아두는 것이 좋습니다.

정답 ❶

Q4 다음 중 부엌이 집 중심에 있을 때 대처해야 할 행동은?

❶ 물을 다루는 것이 중심에 있는 것은 흉! 다시 새롭게 고쳐야 한다.
❷ 깨끗하게 청소해두면 문제없다.
❸ 부엌을 하얗게 칠하면 좋다.

풍수상 부엌이 중심에 있는 것은 절대 안 되는 일은 아닙니다. 깨끗이 사용하고, 그래도 신경이 쓰인다면 행운의 색(노란색)으로 꾸며주세요.

정답 ❷

Q5 재위란 기가 모여 재물이 모이는 중요한 장소이다. 다음 중 이곳에 두면 좋은 가구는?

❶ 책장
❷ 텔레비전
❸ 침대

그 밖에 재위에 두면 좋은 것으로 에어컨, 관엽식물, 소파, 오디오 등이 있습니다. 침대는 재위로 머리 부분이 오도록 둡니다.

정답 ❷❸

 다음 중 숙면을 취하기 위한 침대 배치로 주의해야 할 점은?

❶ 기가 불안정해지는 천장의 들보 밑은 피한다.

❷ 침대 베개는 동쪽에 두는 것이 좋다.

❸ 의외로 머리를 북쪽으로 향하게 하는 것이 좋다.

천장 들보 밑은 기가 흐트러져 편안하게 잘 수 없습니다. 또, 모든 사람에게 좋은 방향이란 없습니다.

 정답 ❶

 다음 중 침대에 누웠을 때 머리가 문과 창문을 향한다면 해야 할 일은?

❶ 침대와 문에 커튼과 발을 달아둔다.

❷ 문과 창문에 풍수 물건을 단다.

❸ 어떤 사정이 있더라도 침대의 위치를 바꾼다.

확실히 이것은 피해야 할 배치입니다. 그러나 어쩔 수 없는 경우는 커튼과 발을 달아 기를 막으면 됩니다.

 정답 ❶

 다음 중 길방위에 두는 편이 좋은 가구는?

❶ 컴퓨터

❷ 장롱

❸ 전기 제품

풍수에서 길방위에는 '움직이는 동(動)'의 요소가 강한 것, 흉방위에는 '고요한 정(靜)'의 요소가 강한 것을 배치하는 것이 원칙입니다.

 정답 ❶ ❸

 화장대와 전신 거울에서 피해야 할 것은?

❶ 항상 반짝반짝하게 닦아둔다.
❷ 현관 정면에 거울을 둔다.
❸ 침실에 경대가 있다.

현관 정면에 거울을 두거나 침실에 거울을 두는 것은 좋지 않습니다. 사용하지 않을 때는 천으로 덮어둡니다.

정답
❷❸

 다음 중 좋은 운기가 모두 지나쳐 버리는 재물이 빠져나가는 주택의 방 배치란?

❶ 현관 바로 앞에 창문과 베란다가 있다.
❷ 현관으로 들어가 좌측으로 꺾은 곳에 창문이 있다.
❸ 현관에서부터 이어지는 복도 앞에 창문이 있다.

둘 다 기가 집을 통과해버리는 전형적인 재물이 빠져나가는 주택입니다.

정답
❶❸

 다음 중 방에 가구를 둘 때 피해야 할 배치는?

❶ 방 벽과 평행하도록 가구를 둔다.
❷ 문쪽으로 등을 향하게 소파를 둔다.
❸ 둥글고 목제로 된 테이블을 둔다.

소파와 침대처럼 편히 쉬기 위한 가구를 기가 흐트러지기 쉬운 문 앞이나 조명기구 아래 두어서는 절대 안 됩니다.

정답
❷

찾아보기

ㄱ~ㄴ

간(艮)	26-27
감(坎)	26-27
개운청소	62, 64, 66, 68
개운 아이템	17
건(乾)	26-27
건강운	24
곤(坤)	26-27
관엽식물	40
구연산	61
금전운	18
기 컨트롤 기술	84
길방위	26
남주작	36
노장사상	10

ㄷ~ㅂ

대액	7
도화위	42
드라이 플라워	40
메신저	13
문창위	85
베이킹 소다	61
본명괘	26-27
본명괘 계산법	27
봉황	44
북현무	36
비휴	18

ㅅ~ㅇ

사신수	36
사업운	22
살기(殺氣)	84
삼족 두꺼비	45
소액	77

소취제	38	추시계	44
손(巽)	26–27	커뮤니케이션	22
아로마	38	태(兌)	26–27
애정운	20		
오닉스	56	**ㅍ~ㅎ**	
오행	26	파랑새	11
우백호	17, 36	팔괘	26
이(離)	26–27	팔택파	26
인테리어 코디네이터	93	풍수	10
		풍수학	22
ㅈ~ㅌ		풍수 물건	44
재위	85	풍수 테크닉	92
정화	12–13	풍수 현관	16–17
조화	40	행운을 부르는 5가지 규칙	14
좌청룡	17, 36	호안석	56
중액	77	홍수정	21
진(震)	26–27	흉방위	28–31
천연세제	61		

복과 행운이 저절로 굴러 들어오는
현관 풍수 인테리어

2011년 10월 5일 초판 1쇄 발행
2014년 4월 28일 초판 2쇄 발행

지은이 | Mr. 류
감　역 | 원곡 곽민석, 김윤곤
옮긴이 | 김소라
펴낸이 | 윤정희
펴낸곳 | (주)황금부엉이

주소 | 서울시 마포구 양화로 127 (서교동) 첨단빌딩 5층
전화 | 02-338-9151
팩스 | 02-338-9155
인터넷 홈페이지 | www.goldenowl.co.kr
출판등록 | 2002년 10월 30일 제 10-2494호

기획편집부장 | 홍종훈
편집 | 김소라, 김윤지
표지 디자인 | 우성남
본문 디자인 | 북누리
전략마케팅 | 구본철, 차정욱, 채재석
제작 | 김유석

ISBN | 978-89-6030-289-1 13180

값은 뒤표지에 있습니다.
잘못된 책은 구입하신 서점에서 바꾸어 드립니다.